U0453629

工程建设法律法规读本

工程管理法律法规

魏光朴 主编

汕头大学出版社

图书在版编目（CIP）数据

工程管理法律法规／魏光朴主编．－－汕头：汕头
大学出版社，2023.4（重印）
　　（工程建设法律法规读本）
　　ISBN 978-7-5658-3241-3

　　Ⅰ．①工…　Ⅱ．①魏…　Ⅲ．①建筑法–基本知识–中
国　Ⅳ.①D922.297

　　中国版本图书馆 CIP 数据核字（2017）第 300466 号

工程管理法律法规　　**GONGCHENG GUANLI FALÜ FAGUI**

主　　编：魏光朴

责任编辑：邹　峰

责任技编：黄东生

封面设计：大华文苑

出版发行：汕头大学出版社

　　　　　广东省汕头市大学路 243 号汕头大学校园内　邮政编码：515063

电　　话：0754-82904613

印　　刷：三河市元兴印务有限公司

开　　本：690mm×960mm 1/16

印　　张：18

字　　数：226 千字

版　　次：2017 年 12 月第 1 版

印　　次：2023 年 4 月第 2 次印刷

定　　价：59.60 元（全 2 册）

ISBN 978-7-5658-3241-3

前　言

习近平总书记指出："推进全民守法，必须着力增强全民法治观念。要坚持把全民普法和守法作为依法治国的长期基础性工作，采取有力措施加强法制宣传教育。要坚持法治教育从娃娃抓起，把法治教育纳入国民教育体系和精神文明创建内容，由易到难、循序渐进不断增强青少年的规则意识。要健全公民和组织守法信用记录，完善守法诚信褒奖机制和违法失信行为惩戒机制，形成守法光荣、违法可耻的社会氛围，使遵法守法成为全体人民共同追求和自觉行动。"

中共中央、国务院曾经转发了中央宣传部、司法部关于在公民中开展法治宣传教育的规划，并发出通知，要求各地区各部门结合实际认真贯彻执行。通知指出，全民普法和守法是依法治国的长期基础性工作。深入开展法治宣传教育，是全面建成小康社会和新农村的重要保障。

普法规划指出：各地区各部门要根据实际需要，从不同群体的特点出发，因地制宜开展有特色的法治宣传教育坚持集中法治宣传教育与经常性法治宣传教育相结合，深化法律进机关、进乡村、进社区、进学校、进企业、进单位的"法律六进"主题活动，完善工作标准，建立长效机制。

特别是农业、农村和农民问题，始终是关系党和人民事业发展的全局性和根本性问题。党中央、国务院发布的《关于推进社会主义新农村建设的若干意见》中明确提出要"加强农村法制建设，深入开展农村普法教育，增强农民的法制观念，提高农民依法行使权利和履行义务的自觉性。"多年普法实践证明，普及法律知识，提高法制观念，增强全社会依法办事意识具有重要作用。特别是在广大农村进行普法教育，是提高全民法律素质的需要。

多年来，我国在农村实行的改革开放取得了极大成功，农村发生了翻天覆地的变化，广大农民生活水平大大得到了提高。但是，由于历史和社会等原因，现阶段我国一些地区农民文化素质还不高，不学法、不懂法、不守法现象虽然较原来有所改变，但仍有相当一部分群众的法制观念仍很淡化，不懂、不愿借助法律来保护自身权益，这就极易受到不法的侵害，或极易进行违法犯罪活动，严重阻碍了全面建成小康社会和新农村步伐。

为此，根据党和政府的指示精神以及普法规划，特别是根据广大农村农民的现状，在有关部门和专家的指导下，特别编辑了这套《全国普法学习读本》。主要包括了广大人民群众应知应懂、实际实用的法律法规。为了辅导学习，附录还收入了相应法律法规的条例准则、实施细则、解读解答、案例分析等；同时为了突出法律法规的实际实用特点，兼顾地方性和特殊性，附录还收入了部分某些地方性法律法规以及非法律法规的政策文件、管理制度、应用表格等内容，拓展了本书的知识范围，使法律法规更"接地气"，便于读者学习掌握和实际应用。

在众多法律法规中，我们通过甄别，淘汰了废止的，精选了最新的、权威的和全面的。但有部分法律法规有些条款不适应当下情况了，却没有颁布新的，我们又不能擅自改动，只得保留原有条款，但附录却有相应的补充修改意见或通知等。众多法律法规根据不同内容和受众特点，经过归类组合，优化配套。整套普法读本非常全面系统，具有很强的学习性、实用性和指导性，非常适合用于广大农村和城乡普法学习教育与实践指导。总之，是全国全民普法的良好读本。

目　　录

对外承包工程管理条例

公路工程设计施工总承包管理办法

公路水运工程质量监督管理规定

公路工程造价管理暂行办法

公路水运工程试验检测管理办法

县际及农村公路改造工程管理办法

全国农业科技入户示范工程
管理办法（试行）

农家书屋工程建设管理暂行办法

国家能源科技重大示范工程管理办法

文物保护工程管理办法

教育部直属高校基本建设管理办法
（2017 年修订）

对外承包工程管理条例

中华人民共和国国务院令

第 676 号

现公布《国务院关于修改和废止部分行政法规的决定》，自公布之日起施行。

总理 李克强

2017 年 3 月 1 日

（2008 年 5 月 7 日国务院第 8 次常务会议通过，由中华人民共和国国务院令第 527 号公布；根据 2017 年 3 月 1 日中华人民共和国国务院令第 676 号公布的《国务院关于修改和废止部分行政法规的决定》修订）

第一章 总 则

第一条 为了规范对外承包工程，促进对外承包工程健康发展，制定本条例。

第二条 本条例所称对外承包工程，是指中国的企业或者其他单位（以下统称单位）承包境外建设工程项目（以下简称工程项目）的活动。

第三条 国家鼓励和支持开展对外承包工程，提高对外承包工程的质量和水平。

国务院有关部门制定和完善促进对外承包工程的政策措施，建立、健全对外承包工程服务体系和风险保障机制。

第四条 开展对外承包工程，应当维护国家利益和社会公共利益，保障外派人员的合法权益。

开展对外承包工程，应当遵守工程项目所在国家或者地区的法律，信守合同，尊重当地的风俗习惯，注重生态环境保护，促进当地经济社会发展。

第五条 国务院商务主管部门负责全国对外承包工程的监督管理，国务院有关部门在各自的职责范围内负责与对外承包工程有关的管理工作。

国务院建设主管部门组织协调建设企业参与对外承包工程。

省、自治区、直辖市人民政府商务主管部门负责本行政区域内对外承包工程的监督管理。

第六条 有关对外承包工程的协会、商会按照章程为其成员提供与对外承包工程有关的信息、培训等方面的服务，依法制定行业规范，发挥协调和自律作用，维护公平竞争和成员利益。

第二章 对外承包工程活动

第七条 国务院商务主管部门应当会同国务院有关部门建立对外承包工程安全风险评估机制，定期发布有关国家和地区安全状况的评估结果，及时提供预警信息，指导对外承包工程的单位做好安全风险防范。

第八条 对外承包工程的单位不得以不正当的低价承揽工程项目、串通投标，不得进行商业贿赂。

第九条 对外承包工程的单位应当与境外工程项目发包人订立书面合同，明确双方的权利和义务，并按照合同约定履行义务。

第十条 对外承包工程的单位应当加强对工程质量和安全生产的

管理，建立、健全并严格执行工程质量和安全生产管理的规章制度。

对外承包工程的单位将工程项目分包的，应当与分包单位订立专门的工程质量和安全生产管理协议，或者在分包合同中约定各自的工程质量和安全生产管理责任，并对分包单位的工程质量和安全生产工作统一协调、管理。

对外承包工程的单位不得将工程项目分包给不具备国家规定的相应资质的单位；工程项目的建筑施工部分不得分包给未依法取得安全生产许可证的境内建筑施工企业。

分包单位不得将工程项目转包或者再分包。对外承包工程的单位应当在分包合同中明确约定分包单位不得将工程项目转包或者再分包，并负责监督。

第十一条 从事对外承包工程外派人员中介服务的机构应当取得国务院商务主管部门的许可，并按照国务院商务主管部门的规定从事对外承包工程外派人员中介服务。

对外承包工程的单位通过中介机构招用外派人员的，应当选择依法取得许可并合法经营的中介机构，不得通过未依法取得许可或者有重大违法行为的中介机构招用外派人员。

第十二条 对外承包工程的单位应当依法与其招用的外派人员订立劳动合同，按照合同约定向外派人员提供工作条件和支付报酬，履行用人单位义务。

第十三条 对外承包工程的单位应当有专门的安全管理机构和人员，负责保护外派人员的人身和财产安全，并根据所承包工程项目的具体情况，制定保护外派人员人身和财产安全的方案，落实所需经费。

对外承包工程的单位应当根据工程项目所在国家或者地区的安全状况，有针对性地对外派人员进行安全防范教育和应急知识培训，增强外派人员的安全防范意识和自我保护能力。

第十四条 对外承包工程的单位应当为外派人员购买境外人身意外伤害保险。

第十五条 对外承包工程的单位应当按照国务院商务主管部门

和国务院财政部门的规定，及时存缴备用金。

前款规定的备用金，用于支付对外承包工程的单位拒绝承担或者无力承担的下列费用：

（一）外派人员的报酬；

（二）因发生突发事件，外派人员回国或者接受其他紧急救助所需费用；

（三）依法应当对外派人员的损失进行赔偿所需费用。

第十六条　对外承包工程的单位与境外工程项目发包人订立合同后，应当及时向中国驻该工程项目所在国使馆（领馆）报告。

对外承包工程的单位应当接受中国驻该工程项目所在国使馆（领馆）在突发事件防范、工程质量、安全生产及外派人员保护等方面的指导。

第十七条　对外承包工程的单位应当制定突发事件应急预案；在境外发生突发事件时，应当及时、妥善处理，并立即向中国驻该工程项目所在国使馆（领馆）和国内有关主管部门报告。

国务院商务主管部门应当会同国务院有关部门，按照预防和处置并重的原则，建立、健全对外承包工程突发事件预警、防范和应急处置机制，制定对外承包工程突发事件应急预案。

第十八条　对外承包工程的单位应当定期向商务主管部门报告其开展对外承包工程的情况，并按照国务院商务主管部门和国务院统计部门的规定，向有关部门报送业务统计资料。

第十九条　国务院商务主管部门应当会同国务院有关部门建立对外承包工程信息收集、通报制度，向对外承包工程的单位无偿提供信息服务。

有关部门应当在货物通关、人员出入境等方面，依法为对外承包工程的单位提供快捷、便利的服务。

第三章　法律责任

第二十条　对外承包工程的单位有下列情形之一的，由商务主管部门责令改正，处 10 万元以上 20 万元以下的罚款，对其主要负责人处 1 万元以上 2 万元以下的罚款；拒不改正的，商务主管部门可以禁止其在 1 年以上 3 年以下的期限内对外承包新的工程项目；造成重大工程质量问题、发生较大事故以上生产安全事故或者造成其他严重后果的，建设主管部门或者其他有关主管部门可以降低其资质等级或者吊销其资质证书：

（一）未建立并严格执行工程质量和安全生产管理的规章制度的；

（二）没有专门的安全管理机构和人员负责保护外派人员的人身和财产安全，或者未根据所承包工程项目的具体情况制定保护外派人员人身和财产安全的方案并落实所需经费的；

（三）未对外派人员进行安全防范教育和应急知识培训的；

（四）未制定突发事件应急预案，或者在境外发生突发事件，未及时、妥善处理的。

第二十一条　对外承包工程的单位有下列情形之一的，由商务主管部门责令改正，处 15 万元以上 30 万元以下的罚款，对其主要负责人处 2 万元以上 5 万元以下的罚款；拒不改正的，商务主管部门可以禁止其在 2 年以上 5 年以下的期限内对外承包新的工程项目；造成重大工程质量问题、发生较大事故以上生产安全事故或者造成其他严重后果的，建设主管部门或者其他有关主管部门可以降低其资质等级或者吊销其资质证书：

（一）以不正当的低价承揽工程项目、串通投标或者进行商业贿赂的；

（二）未与分包单位订立专门的工程质量和安全生产管理协议，或者未在分包合同中约定各自的工程质量和安全生产管理责任，或者未对分包单位的工程质量和安全生产工作统一协调、管理的；

（三）将工程项目分包给不具备国家规定的相应资质的单位，或者将工程项目的建筑施工部分分包给未依法取得安全生产许可证的境内建筑施工企业的；

（四）未在分包合同中明确约定分包单位不得将工程项目转包

或者再分包的。

分包单位将其承包的工程项目转包或者再分包的，由建设主管部门责令改正，依照前款规定的数额对分包单位及其主要负责人处以罚款；造成重大工程质量问题，或者发生较大事故以上生产安全事故的，建设主管部门或者其他有关主管部门可以降低其资质等级或者吊销其资质证书。

第二十二条 对外承包工程的单位有下列情形之一的，由商务主管部门责令改正，处 2 万元以上 5 万元以下的罚款；拒不改正的，对其主要负责人处 5000 元以上 1 万元以下的罚款：

（一）与境外工程项目发包人订立合同后，未及时向中国驻该工程项目所在国使馆（领馆）报告的；

（二）在境外发生突发事件，未立即向中国驻该工程项目所在国使馆（领馆）和国内有关主管部门报告的；

（三）未定期向商务主管部门报告其开展对外承包工程的情况，或者未按照规定向有关部门报送业务统计资料的。

第二十三条 对外承包工程的单位通过未依法取得许可或者有重大违法行为的中介机构招用外派人员，或者不依照本条例规定为外派人员购买境外人身意外伤害保险，或者未按照规定存缴备用金的，由商务主管部门责令限期改正，处 5 万元以上 10 万元以下的罚款，对其主要负责人处 5000 元以上 1 万元以下的罚款；逾期不改正的，商务主管部门可以禁止其在 1 年以上 3 年以下的期限内对外承包新的工程项目。

未取得国务院商务主管部门的许可，擅自从事对外承包工程外派人员中介服务的，由国务院商务主管部门责令改正，处 10 万元以上 20 万元以下的罚款；有违法所得的，没收违法所得；对其主要负责人处 5 万元以上 10 万元以下的罚款。

第二十四条 商务主管部门、建设主管部门和其他有关部门的工作人员在对外承包工程监督管理工作中滥用职权、玩忽职守、徇私舞弊，构成犯罪的，依法追究刑事责任；尚不构成犯罪的，依法给予处分。

第四章 附 则

第二十五条 对外承包工程涉及的货物进出口、技术进出口、人员出入境、海关以及税收、外汇等事项，依照有关法律、行政法规和国家有关规定办理。

第二十六条 对外承包工程的单位以投标、议标方式参与报价金额在国务院商务主管部门和国务院财政部门等有关部门规定标准以上的工程项目的，其银行保函的出具等事项，依照国务院商务主管部门和国务院财政部门等有关部门的规定办理。

第二十七条 对外承包工程的单位承包特定工程项目，或者在国务院商务主管部门会同外交部等有关部门确定的特定国家或者地区承包工程项目的，应当经国务院商务主管部门会同国务院有关部门批准。

第二十八条 中国内地的单位在香港特别行政区、澳门特别行政区、台湾地区承包工程项目，参照本条例的规定执行。

第二十九条 中国政府对外援建的工程项目的实施及其管理，依照国家有关规定执行。

第三十条 本条例自 2008 年 9 月 1 日起施行。

附 录

工程建设标准解释管理办法

住房城乡建设部关于印发
《工程建设标准解释管理办法》的通知
建标〔2014〕65号

国务院有关部门，各省、自治区住房城乡建设厅，直辖市建委（建交委、规委），新疆生产建设兵团建设局，有关行业协会，有关单位：

为加强工程建设标准解释工作的管理，规范工程建设标准解释工作，根据《标准化法》、《标准化法实施条例》和《实施工程建设强制性标准监督规定》（建设部令第81号）等有关规定，我部组织制定了《工程建设标准解释管理办法》，现印发给你们，自印发之日起实施。

中华人民共和国住房和城乡建设部
2014年5月5日

第一条 为加强工程建设标准实施管理，规范工程建设标准解释工作，根据《标准化法》、《标准化法实施条例》和《实施工程建设强制性标准监督规定》（建设部令第81号）等有关规定，制定本办法。

第二条 工程建设标准解释（以下简称标准解释）是指具有标准解释权的部门（单位）按照解释权限和工作程序，对标准规定的依据、涵义以及适用条件等所作的书面说明。

第三条　本办法适用于工程建设国家标准、行业标准和地方标准的解释工作。

第四条　国务院住房城乡建设主管部门负责全国标准解释的管理工作，国务院有关主管部门负责本行业标准解释的管理工作，省级住房城乡建设主管部门负责本行政区域标准解释的管理工作。

第五条　标准解释应按照"谁批准、谁解释"的原则，做到科学、准确、公正、规范。

第六条　标准解释由标准批准部门负责。

对涉及强制性条文的，标准批准部门可指定有关单位出具意见，并做出标准解释。

对涉及标准具体技术内容的，可由标准主编单位或技术依托单位出具解释意见。当申请人对解释意见有异议时，可提请标准批准部门作出标准解释。

第七条　申请标准解释应以书面形式提出，申请人应提供真实身份、姓名和联系方式。

第八条　符合本办法第七条规定的标准解释申请应予受理，但下列情况除外：

（一）不属于标准规定的内容；

（二）执行标准的符合性判定；

（三）尚未发布的标准。

第九条　标准解释申请受理后，应在 15 个工作日内给予答复。对于情况复杂或需要技术论证，在规定期限内不能答复的，应及时告知申请人延期理由和答复时间。

第十条　标准解释应以标准条文规定为准，不得扩展或延伸标准条文的规定，如有必要可组织专题论证。办理答复前，应听取标准主编单位或主要起草人员的意见和建议。

第十一条　标准解释应加盖负责部门（单位）的公章。

第十二条　标准解释过程中的全部资料和记录，应由负责解释的部门（单位）存档。对申请人提出的问题及答复情况应定期进行分析、整理和汇总。

　　第十三条　对标准解释中的共性问题及答复内容，经标准批准部门同意，可在相关专业期刊、官方网站上予以公布。

　　第十四条　标准修订后，原已作出的标准解释不适用于新标准。

　　第十五条　本办法由住房城乡建设部负责解释。

　　第十六条　本办法自印发之日起实施。

工程建设工法管理办法

住房城乡建设部关于印发
《工程建设工法管理办法》的通知
建质〔2014〕103 号

各省、自治区住房城乡建设厅，直辖市建委，新疆生产建
设兵团建设局，国务院有关部门建设司（局），有关中央
企业：

现将修订后的《工程建设工法管理办法》印发给你
们，请认真贯彻执行。原《工程建设工法管理办法》（建
质〔2005〕145 号）同时废止。

中华人民共和国住房和城乡建设部
2014 年 7 月 16 日

第一条 为促进建筑施工企业技术创新，提升施工技术水平，
规范工程建设工法的管理，制定本办法。

第二条 本办法适用于工法的开发、申报、评审和成果管理。

第三条 本办法所称的工法，是指以工程为对象，以工艺为核
心，运用系统工程原理，把先进技术和科学管理结合起来，经过一
定工程实践形成的综合配套的施工方法。

工法分为房屋建筑工程、土木工程、工业安装工程三个类别。

第四条 工法分为企业级、省（部）级和国家级，实施分级
管理。

企业级工法由建筑施工企业（以下简称企业）根据工程特点开
发，通过工程实际应用，经企业组织评审和公布。

省（部）级工法由企业自愿申报，经省、自治区、直辖市住房
城乡建设主管部门或国务院有关部门（行业协会）、中央管理的有

关企业（以下简称省（部）级工法主管部门）组织评审和公布。

国家级工法由企业自愿申报，经省（部）级工法主管部门推荐，由住房和城乡建设部组织评审和公布。

第五条 工法必须符合国家工程建设的方针、政策和标准，具有先进性、科学性和适用性，能保证工程质量安全、提高施工效率和综合效益，满足节约资源、保护环境等要求。

第六条 企业应当建立工法管理制度，根据工程特点制定工法开发计划，定期组织企业级工法评审，并将公布的企业级工法向省（部）级工法主管部门备案。

第七条 企业应在工程建设中积极推广应用工法，推动技术创新成果转化，提升工程施工的科技含量。

第八条 省（部）级工法主管部门应当督促指导企业开展工法开发和推广应用，组织省（部）级工法评审，将公布的省（部）级工法报住房和城乡建设部备案，择优推荐申报国家级工法。

第九条 住房和城乡建设部每两年组织一次国家级工法评审，评审遵循优中选优、总量控制的原则。

第十条 国家级工法申报遵循企业自愿原则，每项工法由一家建筑施工企业申报，主要完成人员不超过 5 人。申报企业应是开发应用工法的主要完成单位。

第十一条 申报国家级工法应满足以下条件：

（一）已公布为省（部）级工法；

（二）工法的关键性技术达到国内领先及以上水平；工法中采用的新技术、新工艺、新材料尚没有相应的工程建设国家、行业或地方标准的，已经省级及以上住房城乡建设主管部门组织的技术专家委员会审定；

（三）工法已经过 2 项及以上工程实践应用，安全可靠，具有较高推广应用价值，经济效益和社会效益显著；

（四）工法遵循国家工程建设的方针、政策和工程建设强制性标准，符合国家建筑技术发展方向和节约资源、保护环境等要求；

（五）工法编写内容齐全完整，包括前言、特点、适用范围、

工艺原理、工艺流程及操作要点、材料与设备、质量控制、安全措施、环保措施、效益分析和应用实例;

（六）工法内容不得与已公布的有效期内的国家级工法雷同。

第十二条 申报国家级工法按以下程序进行:

（一）申报企业向省（部）级工法主管部门提交申报材料;

（二）省（部）级工法主管部门审核企业申报材料,择优向住房和城乡建设部推荐。

第十三条 企业申报国家级工法,只能向批准该省（部）级工法的主管部门申报,同一工法不得同时向多个省（部）级工法主管部门申报。

第十四条 省（部）级工法主管部门推荐申报国家级工法时,内容不得存在雷同。

第十五条 国家级工法申报资料应包括以下内容:

（一）国家级工法申报表;

（二）工法文本;

（三）省（部）级工法批准文件、工法证书;

（四）省（部）级工法评审意见（包括关键技术的评价）;

（五）建设单位或监理单位出具的工程应用证明、施工许可证或开工报告、工程施工合同;

（六）经济效益证明;

（七）工法应用的有关照片或视频资料;

（八）科技查新报告;

（九）涉及他方专利的无争议声明书;

（十）技术标准、专利证书、科技成果获奖证明等其他有关材料。

第十六条 国家级工法评审分为形式审查、专业组审查、评委会审核三个阶段。形式审查、专业组审查采用网络评审方式,评委会审核采用会议评审方式。

（一）形式审查。对申报资料完整性、符合性进行审查,符合申报条件的列入专业组审查。

（二）专业组审查。对通过形式审查的工法按专业分组，评审专家对工法的关键技术水平、工艺流程和操作要点的科学性、合理性、安全可靠性、推广应用价值、文本编制等进行评审，评审结果提交评委会审核。

（三）评委会审核。评委会分房屋建筑、土木工程、工业安装工程三类进行评议审核、实名投票表决，有效票数达到三分之二及以上的通过审核。

第十七条 住房和城乡建设部负责建立国家级工法评审专家库，评审专家从专家库中选取。专家库专家应具有高级及以上专业技术职称，有丰富的施工实践经验和坚实的专业基础理论知识，担任过大型施工企业技术负责人或大型项目负责人，年龄不超过70周岁。院士、获得省（部）级及以上科技进步奖和优质工程奖的专家优先选任。

第十八条 评审专家应坚持公正、公平的原则，严格按照标准评审，对评审意见负责，遵守评审工作纪律和保密规定，保证工法评审的严肃性和科学性。

第十九条 国家级工法评审实行专家回避制度，专业组评审专家不得评审本企业工法。

第二十条 住房和城乡建设部对审核通过的国家级工法进行公示，公示无异议后予以公布。

第二十一条 对获得国家级工法的单位和个人，由住房和城乡建设部颁发证书。

第二十二条 住房和城乡建设部负责建立国家级工法管理和查询信息系统，省（部）级工法主管部门负责建立本地区（部门）工法信息库。

第二十三条 国家级工法有效期为8年。

对有效期内的国家级工法，其完成单位应注意技术跟踪，注重创新和发展，保持工法技术的先进性和适用性。

超出有效期的国家级工法仍具有先进性的，工法完成单位可重新申报。

第二十四条 获得国家级工法证书的单位为该工法的所有权人。工法所有权人可根据国家有关法律法规的规定有偿转让工法使用权，但工法完成单位、主要完成人员不得变更。未经工法所有权人同意，任何单位和个人不得擅自公开工法的关键技术内容。

第二十五条 鼓励企业采用新技术、新工艺、新材料、新设备，加快技术积累和科技成果转化。鼓励符合专利法、科学技术奖励规定条件的工法及其关键技术申请专利和科学技术发明、进步奖。

第二十六条 各级住房城乡建设主管部门和有关部门应积极推动将技术领先、应用广泛、效益显著的工法纳入相关的国家标准、行业标准和地方标准。

第二十七条 鼓励企业积极开发和推广应用工法。省（部）级工法主管部门应对开发和应用工法有突出贡献的企业和个人给予表彰。企业应对开发和推广应用工法有突出贡献的个人给予表彰和奖励。

第二十八条 企业提供虚假材料申报国家级工法的，予以全国通报，5年内不受理其申报国家级工法。

企业以剽窃作假等欺骗手段获得国家级工法的，撤消其国家级工法称号，予以全国通报，5年内不受理其申报国家级工法。

企业提供虚假材料申报国家级工法，或以剽窃作假等欺骗手段获得国家级工法的，作为不良行为记录，记入企业信用档案。

第二十九条 评审专家存在徇私舞弊、违反回避制度和保密纪律等行为的，取消国家级工法评审专家资格。

第三十条 各地区、各部门可参照本办法制定省（部）级工法管理办法。

第三十一条 本办法自发布之日起施行。原《工程建设工法管理办法》（建质〔2005〕145号）同时废止。

住房城乡建设部、财政部关于印发
《建筑安装工程费用项目组成》的通知

建标〔2013〕44号

各省、自治区住房城乡建设厅、财政厅，直辖市建委（建交委）、财政局，国务院有关部门：

为适应深化工程计价改革的需要，根据国家有关法律、法规及相关政策，在总结原建设部、财政部《关于印发〈建筑安装工程费用项目组成〉的通知》（建标〔2003〕206号）（以下简称《通知》）执行情况的基础上，我们修订完成了《建筑安装工程费用项目组成》（以下简称《费用组成》），现印发给你们。为便于各地区、各部门做好发布后的贯彻实施工作，现将主要调整内容和贯彻实施有关事项通知如下：

一、《费用组成》调整的主要内容：

（一）建筑安装工程费用项目按费用构成要素组成划分为人工费、材料费、施工机具使用费、企业管理费、利润、规费和税金（见附件1）。

（二）为指导工程造价专业人员计算建筑安装工程造价，将建筑安装工程费用按工程造价形成顺序划分为分部分项工程费、措施项目费、其他项目费、规费和税金（见附件2）。

（三）按照国家统计局《关于工资总额组成的规定》，合理调整了人工费构成及内容。

（四）依据国家发展改革委、财政部等9部委发布的《标准施工招标文件》的有关规定，将工程设备费列入材料费；原材料费中的检验试验费列入企业管理费。

（五）将仪器仪表使用费列入施工机具使用费；大型机械进出场及安拆费列入措施项目费。

（六）按照《社会保险法》的规定，将原企业管理费中劳动保险费中的职工死亡丧葬补助费、抚恤费列入规费中的养老保险费；在企业管理费中的财务费和其他中增加担保费用、投标费、保险费。

（七）按照《社会保险法》、《建筑法》的规定，取消原规费中危险作业意外伤害保险费，增加工伤保险费、生育保险费。

（八）按照财政部的有关规定，在税金中增加地方教育附加。

二、为指导各部门、各地区按照本通知开展费用标准测算等工作，我们对原《通知》中建筑安装工程费用参考计算方法、公式和计价程序等进行了相应的修改完善，统一制订了《建筑安装工程费用参考计算方法》和《建筑安装工程计价程序》（见附件3、附件4）。

三、《费用组成》自 2013 年 7 月 1 日起施行，原建设部、财政部《关于印发〈建筑安装工程费用项目组成〉的通知》（建标〔2003〕206 号）同时废止。

附件：1. 建筑安装工程费用项目组成（按费用构成要素划分）

http：//www. mohurd. gov. cn/zcfg/jsbwj ＿ 0/jsbwjbzde/201304/W020130401014912. doc

2. 建筑安装工程费用项目组成（按造价形成划分）

http：//www. mohurd. gov. cn/zcfg/jsbwj ＿ 0/jsbwjbzde/201304/W020130401014934. doc

3. 建筑安装工程费用参考计算方法

http：//www. mohurd. gov. cn/zcfg/jsbwj ＿ 0/jsbwjbzde/201304/W020130401014953. doc

4. 建筑安装工程计价程序

http：//www. mohurd. gov. cn/zcfg/jsbwj ＿ 0/jsbwjbzde/201304/W020130401015016. doc

中华人民共和国住房和城乡建设部

中华人民共和国财政部

2013 年 3 月 21 日

商务部办公厅 海关总署办公厅 质检总局 办公厅关于做好对外承包工程资格审批取消后 有关政策衔接工作的通知

商办合函〔2017〕390 号

根据国务院关于取消对外承包工程资格审批的决定，商务部印发了《关于废止和修改部分规章的决定》（商务部令 2017 年第 3 号）。为落实该《决定》精神，深入推进"放管服"改革，做好资格审批取消后的对外承包工程项下外派人员管理、设备材料出口及检验检疫等政策的衔接，现就有关工作通知如下：

一、企业初次从事对外承包工程业务，需登录"走出去"公共服务平台或商务部业务系统统一平台，通过对外承包工程企业信息登记系统填写并上传企业基本信息，获得平台用户名及密码。初次从事对外承包工程业务的企业可凭此用户名及密码，登录对外承包工程项目数据库系统，依照《对外承包工程项目投标（议标）管理办法》（商务部 银监会 保监会令 2011 年第 3 号）的规定，为有关项目申请《对外承包工程项目投（议）标核准证》（以下简称《核准证》）。在项目签约和执行阶段，企业需在对外承包工程项目数据库系统中填报项目进展情况，并登录对外承包工程业务统计系统，报送业务统计资料。在《国务院关于修改和废止部分行政法规的决定》（国务院第 676 号令，以下简称"国务院第 676 号令"）公布前已取得《对外承包工程资格证书》（以下简称《资格证书》）的企业不需进行信息登记。所有从事对外承包工程业务的企业，如发生所登记基本信息变更，则需及时在信息登记系统变更信息。

二、对外承包工程企业应当按照修订后的《对外劳务合作风险处置备用金管理办法（试行）》（商务部 财政部令 2014 年第 2 号）第二十三条规定缴存备用金。在国务院第 676 号令公布前已取得《资格证书》的企业，需在本通知下发后 20 个工作日内将备用金补足至 300 万元人民币。省级商务主管部门应在备用金缴存或动用后 3 个工作日内，登录对外承包工程企业信息登记系统，更新相关企业备用金状态。在国务院第 676 号令公布前已取得《资格证书》但不再从事对外承包工程业务的企业，可向注册地省级商务主管部门申请退还备用金或撤销保函，具体办理程序参照《对外劳务合作风险处置备用金管理办法（试行）》第十七条。

三、企业依据《关于对外承包工程项目项下出口设备材料的工作规程》（外经贸合发〔2001〕579 号）办理设备材料的出口报关的，可根据该工作规程第六条规定办理海关验放手续。企业无需凭《资格证书》到海关办理注册登记手续，取得相应的编码。原《资格证书》不再有效。

四、企业依据《国家质量监督检验检疫总局关于对外承包工程项目项下出口设备材料检验检疫有关问题的通知》（国质检通函〔2002〕80 号）办理出入境检验检疫手续的，可凭《核准证》复印件以及企业与境外业主签订的项目合同正本复印件（均需加盖公司印章）或其他文件向检验检疫机构办理报检。企业报检时，需在报检单上注明《核准证》的编号，并将货物按照施工材料、施工器械和自用办公生活物资等分类列出，以方便检验检疫机构对施工器械和自用办公生活物资办理免检放行手续。原《资格证书》不再有效。

附件：备用金缴存申请表
http：//images.mofcom.gov.cn/hzs/201709/20170927182004046.xlsx

商务部办公厅
海关总署办公厅
质检总局办公厅
2017 年 9 月 27 日

公路工程设计施工总承包管理办法

中华人民共和国交通运输部令

2015 年第 10 号

《公路工程设计施工总承包管理办法》已于 2015 年 6 月 19 日经第 8 次部务会议通过，现予公布，自 2015 年 8 月 1 日起施行。

交通运输部部长

2015 年 6 月 26 日

第一章　总　则

第一条　为促进公路工程设计与施工相融合，提高公路工程设计施工质量，推进现代工程管理，依据有关法律、行政法规，制定本办法。

第二条　公路新建、改建、扩建工程和独立桥梁、隧道（以下简称公路工程）的设计施工总承包，适用本办法。

本办法所称设计施工总承包（以下简称总承包），是指将公路工程的施工图勘察设计、工程施工等工程内容由总承包单位统一实施的承发包方式。

第三条　国家鼓励具备条件的公路工程实行总承包。

总承包可以实行项目整体总承包，也可以分路段实行总承包，或者对交通机电、房建及绿化工程等实行专业总承包。

项目法人可以根据项目实际情况，确定采用总承包的范围。

第四条 各级交通运输主管部门依据职责负责对公路工程总承包的监督管理。

交通运输主管部门应当对总承包合同相关当事方执行法律、法规、规章和强制性标准等情况进行督查，对初步设计、施工图设计、设计变更等进行管理。按照有关规定对总承包单位进行信用评价。

第二章 总承包单位选择及合同要求

第五条 总承包单位由项目法人依法通过招标方式确定。

项目法人负责组织公路工程总承包招标。

公路工程总承包招标应当在初步设计文件获得批准并落实建设资金后进行。

第六条 总承包单位应当具备以下要求：

（一）同时具备与招标工程相适应的勘察设计和施工资质，或者由具备相应资质的勘察设计和施工单位组成联合体；

（二）具有与招标工程相适应的财务能力，满足招标文件中提出的关于勘察设计、施工能力、业绩等方面的条件要求；

（三）以联合体投标的，应当根据项目的特点和复杂程度，合理确定牵头单位，并在联合体协议中明确联合体成员单位的责任和权利；

（四）总承包单位（包括总承包联合体成员单位，下同）不得是总承包项目的初步设计单位、代建单位、监理单位或以上单位的附属单位。

第七条 总承包招标文件的编制应当使用交通运输部统一制定的标准招标文件。

在总承包招标文件中，应当对招标内容、投标人的资格条件、报价组成、合同工期、分包的相关要求、勘察设计与施工技术要求、质量等级、缺陷责任期工程修复要求、保险要求、费用支付办法等作出明确规定。

第八条 总承包招标应当向投标人提供初步设计文件和相应的勘察资料，以及项目有关批复文件和前期咨询意见。

第九条 总承包投标文件应当结合工程地质条件和技术特点，按照招标文件要求编制。投标文件应当包括以下内容：

（一）初步设计的优化建议；

（二）项目实施与设计施工进度计划；

（三）拟分包专项工程；

（四）报价清单及说明；

（五）按招标人要求提供的施工图设计技术方案；

（六）以联合体投标的，还应当提交联合体协议；

（七）以项目法人和总承包单位的联合名义依法投保相关的工程保险的承诺。

第十条 招标人应当合理确定投标文件的编制时间，自招标文件开始发售之日起至投标人提交投标文件截止时间止，不得少于60天。

招标人应当根据项目实际情况，提出投标人在投标文件中提供施工图设计技术方案的具体要求。招标人在招标文件中明确中标人有权使用未中标人的技术方案的，一般应当同时明确给予相应的费用补偿。

第十一条 招标人应当根据工程地质条件、技术特点和施工难度确定评标方法。

评标专家抽取应当符合有关法律法规的规定。评标委员会应当包含勘察设计、施工等专家，总人数应当不少于9人。

第十二条 项目法人应当与中标单位签订总承包合同。

第十三条 项目法人和总承包单位应当在招标文件或者合同中约定总承包风险的合理分担。风险分担可以参照以下因素约定：

项目法人承担的风险一般包括：

（一）项目法人提出的工期调整、重大或者较大设计变更、建设标准或者工程规模的调整；

（二）因国家税收等政策调整引起的税费变化；

（三）钢材、水泥、沥青、燃油等主要工程材料价格与招标时基价相比，波动幅度超过合同约定幅度的部分；

（四）施工图勘察设计时发现的在初步设计阶段难以预见的滑坡、泥石流、突泥、涌水、溶洞、采空区、有毒气体等重大地质变化，其损失与处治费用可以约定由项目法人承担，或者约定项目法人和总承包单位的分担比例。工程实施中出现重大地质变化的，其损失与处治费用除保险公司赔付外，可以约定由总承包单位承担，或者约定项目法人与总承包单位的分担比例。因总承包单位施工组织、措施不当造成的上述问题，其损失与处治费用由总承包单位承担；

（五）其他不可抗力所造成的工程费用的增加。

除项目法人承担的风险外，其他风险可以约定由总承包单位承担。

第十四条 总承包费用或者投标报价应当包括相应工程的施工图勘察设计费、建筑安装工程费、设备购置费、缺陷责任期维修费、保险费等。总承包采用总价合同，除应当由项目法人承担的风险费用外，总承包合同总价一般不予调整。

项目法人应当在初步设计批准概算范围内确定最高投标限价。

第三章 总承包管理

第十五条 项目法人应当依据合同加强总承包管理，督促总承包单位履行合同义务，加强工程勘察设计管理和地质勘察验收，严格对工程质量、安全、进度、投资和环保等环节进行把关。

项目法人对总承包单位在合同履行中存在过失或偏差行为，可能造成重大损失或者严重影响合同目标实现的，应当对总承包单位法人代表进行约谈，必要时可以依据合同约定，终止总承包合同。

第十六条 采用总承包的项目，初步设计应当加大设计深度，加强地质勘察，明确重大技术方案，严格核定工程量和概算。

初步设计单位负责总承包项目初步设计阶段的勘察设计，按照项目法人要求对施工图设计或者设计变更进行咨询核查。

第十七条 总承包单位应当按照合同规定和工程施工需要，分阶段提交详勘资料和施工图设计文件，并按照审查意见进行修改完善。施工图设计应当符合经审批的初步设计文件要求，满足工程质量、耐久和安全的强制性标准和相关规定，经项目法人同意后，按照相关规定报交通运输主管部门审批。施工图设计经批准后方可组织实施。

第十八条 总承包单位依据总承包合同，对施工图设计及工程质量、安全、进度负总责。负责施工图勘察设计、工程施工和缺陷责任期工程修复工作，配合项目法人完成征地拆迁、地方协调、项目审计及交竣工验收等工作。

第十九条 项目法人根据建设项目的规模、技术复杂程度等要素，依据有关规定程序选择社会化的监理开展工程监理工作。监理单位应当依据有关规定和合同，对总承包施工图勘察设计、工程质量、施工安全、进度、环保、计量支付和缺陷责任期工程修复等进行监理，对总承包单位编制的勘察设计计划、采购与施工的组织实施计划、施工图设计文件、专项技术方案、项目实施进度计划、质量安全保障措施、计量支付、工程变更等进行审核。

第二十条 总承包工程应当按照批准的施工图设计组织施工。总承包单位应当根据工程特点和合同约定，细化设计施工组织计划，拟定设计施工进度安排、工程质量和施工安全目标、环境保护措施、投资完成计划。

第二十一条 总承包单位应当加强设计与施工的协调，建立工程管理与协调制度，根据工程实际及时完善、优化设计，改进施工方案，合理调配设计和施工力量，完善质量保证体系。

第二十二条 工程永久使用的大宗材料、关键设备和主要构件可由项目法人依法招标采购，也可由总承包单位按规定采购。招标人在招标文件中应当明确采购责任。由总承包单位采购的，应当采取集中采购的方式，采购方案应当经项目法人同意，并接受项目法人的监督。

第二十三条 总承包单位应当加强对分包工程的管理。选择的分包单位应当具备相应资格条件，并经项目法人同意，分包合同应当送项目法人。

第二十四条 总承包工程应当按照招标文件明确的计量支付办法与程序进行计量支付。

当采用工程量清单方式进行管理时，总承包单位应当依据交通运输主管部门批准的施工图设计文件，按照各分项工程合计总价与合同总价一致的原则，调整工程量清单，经项目法人审定后作为支付依据；工程实施中，按照清单及合同条款约定进行计量支付；项目完成后，总承包单位应当根据调整后最终的工程量清单编制竣工文件和工程决算。

第二十五条 总承包工程实施过程中需要设计变更的，较大变更或者重大变更应当依据有关规定报交通运输主管部门审批。一般变更应当在实施前告知监理单位和项目法人，项目法人认为变更不合理的有权予以否定。任何设计变更不得降低初步设计批复的质量安全标准，不得降低工程质量、耐久性和安全度。

设计变更引起的工程费用变化，按照风险划分原则处理。其中，属于总承包单位风险范围的设计变更（含完善设计），超出原报价部分由总承包单位自付，低于原报价部分，按第二十四条规定支付。属于项目法人风险范围的设计变更，工程量清单与合同总价均调整，按规定报批后执行。

项目法人应当根据设计变更管理规定，制定鼓励总承包单位优化设计、节省造价的管理制度。

第二十六条 总承包单位应当按照有关规定和合同要求，负责缺陷责任期的工程修复等工作，确保公路技术状况符合规定要求。

第二十七条 总承包单位完成合同约定的全部工程，符合质量安全标准，在缺陷责任期内履行规定义务后，项目法人应当按照合同完成全部支付。

第二十八条 总承包单位应当按照交、竣工验收的有关规定，编制和提交竣工图纸和相关文件资料。

第四章 附 则

第二十九条 本办法自 2015 年 8 月 1 日起施行。

附　录

公路工程施工分包管理办法

交通运输部关于印发公路工程施工
分包管理办法的通知
交公路发〔2011〕685号

各省、自治区、直辖市、新疆生产建设兵团交通厅（局、委），天津市市政公路管理局：

为规范公路工程施工分包活动，加强公路建设市场监管，部组织制定了《公路工程施工分包管理办法》，现印发给你们，请遵照执行。

中华人民共和国交通运输部
二○一一年十一月二十二日

第一章　总　则

第一条　为规范公路工程施工分包活动，加强公路建设市场管理，保证工程质量，保障施工安全，根据《中华人民共和国公路法》、《中华人民共和国招标投标法》、《建设工程质量管理条例》、《建设工程安全生产管理条例》等法律、法规，结合公路工程建设实际情况，制定本办法。

第二条　在中华人民共和国境内从事新建、改（扩）建的国省道公路工程施工分包活动，适用本办法。

第三条　公路工程施工分包活动实行统一管理、分级负责。

第四条　鼓励公路工程施工进行专业化分包，但必须依法进行。禁止承包人以劳务合作的名义进行施工分包。

第二章 管理职责

第五条 国务院交通运输主管部门负责制定全国公路工程施工分包管理的规章制度，对省级人民政府交通运输主管部门的公路工程施工分包活动进行指导和监督检查。

第六条 省级人民政府交通运输主管部门负责本行政区域内公路工程施工分包活动的监督与管理工作；制定本行政区域公路工程施工分包管理的实施细则、分包专项类别以及相应的资格条件、统一的分包合同格式和劳务合作合同格式等。

第七条 发包人应当按照本办法规定和合同约定加强对施工分包活动的管理，建立健全分包管理制度，负责对分包的合同签订与履行、质量与安全管理、计量支付等活动监督检查，并建立台帐，及时制止承包人的违法分包行为。

第八条 除承包人设定的项目管理机构外，分包人也应当分别设立项目管理机构，对所承包或者分包工程的施工活动实施管理。

项目管理机构应当具有与承包或者分包工程的规模、技术复杂程度相适应的技术、经济管理人员，其中项目负责人和技术、财务、计量、质量、安全等主要管理人员必须是本单位人员。

第三章 分包的条件

第九条 承包人可以将适合专业化队伍施工的专项工程分包给具有相应资格的单位。不得分包的专项工程，发包人应当在招标文件中予以明确。

分包人不得将承接的分包工程再进行分包。

第十条 分包人应当具备如下条件：

（一）具有经工商登记的法人资格；

（二）具有与分包工程相适应的注册资金；

（三）具有从事类似工程经验的管理与技术人员；

（四）具有（自有或租赁）分包工程所需的施工设备。

第十一条 承包人对拟分包的专项工程及规模，应当在投标文件中予以明确。

未列入投标文件的专项工程，承包人不得分包。但因工程变更增加了有特殊性技术要求、特殊工艺或者涉及专利保护等的专项工程，且按规定无须再进行招标的，由承包人提出书面申请，经发包人书面同意，可以分包。

第四章 合同管理

第十二条 承包人有权依据承包合同自主选择符合资格的分包人。任何单位和个人不得违规指定分包。

第十三条 承包人和分包人应当按照交通运输主管部门制定的统一格式依法签订分包合同，并履行合同约定的义务。分包合同必须遵循承包合同的各项原则，满足承包合同中的质量、安全、进度、环保以及其他技术、经济等要求。承包人应在工程实施前，将经监理审查同意后的分包合同报发包人备案。

第十四条 承包人应当建立健全相关分包管理制度和台账，对分包工程的质量、安全、进度和分包人的行为等实施全过程管理，按照本办法规定和合同约定对分包工程的实施向发包人负责，并承担赔偿责任。分包合同不免除承包合同中规定的承包人的责任或者义务。

第十五条 分包人应当依据分包合同的约定，组织分包工程的施工，并对分包工程的质量、安全和进度等实施有效控制。分包人对其分包的工程向承包人负责，并就所分包的工程向发包人承担连带责任。

第五章 行为管理

第十六条 禁止将承包的公路工程进行转包。

承包人未在施工现场设立项目管理机构和派驻相应人员对分包工程的施工活动实施有效管理，并且有下列情形之一的，属于转包：

（一）承包人将承包的全部工程发包给他人的；

（二）承包人将承包的全部工程肢解后以分包的名义分别发包给他人的；

（三）法律、法规规定的其他转包行为。

第十七条 禁止违法分包公路工程。

有下列情形之一的，属于违法分包：

（一）承包人未在施工现场设立项目管理机构和派驻相应人员对分包工程的施工活动实施有效管理的；

（二）承包人将工程分包给不具备相应资格的企业或者个人的；

（三）分包人以他人名义承揽分包工程的；

（四）承包人将合同文件中明确不得分包的专项工程进行分包的；

（五）承包人未与分包人依法签订分包合同或者分包合同未遵循承包合同的各项原则，不满足承包合同中相应要求的；

（六）分包合同未报发包人备案的；

（七）分包人将分包工程再进行分包的；

（八）法律、法规规定的其他违法分包行为。

第十八条 按照信用评价的有关规定，承包人和分包人应当互相开展信用评价，并向发包人提交信用评价结果。

发包人应当对承包人和分包人提交的信用评价结果进行核定，并且报送相关交通运输主管部门。

交通运输主管部门应当将发包人报送的承包人和分包人的信用评价结果纳入信用评价体系，对其进行信用管理。

第十九条 发包人应当在招标文件中明确统一采购的主要材料及构、配件等的采购主体及方式。承包人授权分包人进行相关采购时，必须经发包人书面同意。

第二十条 为确保分包合同的履行，承包人可以要求分包人提供履约担保。分包人提供担保后，如要求承包人同时提供分包工程付款担保的，承包人也应当予以提供。

第二十一条 承包人与分包人应当依法纳税。承包人因为税收抵扣向发包人申请出具相关手续的，发包人应当予以办理。

第二十二条 分包人有权与承包人共同享有分包工程业绩。分包人业绩证明由承包人与发包人共同出具。

分包人以分包业绩证明承接工程的，发包人应当予以认可。分包人以分包业绩证明申报资质的，相关交通运输主管部门应当予以认可。

劳务合作不属于施工分包。劳务合作企业以分包人名义申请业绩证明的，承包人与发包人不得出具。

第六章 附 则

第二十三条 发包人、承包人或者分包人违反本办法相关条款规定的，法律、法规对处罚机关和处罚方式有相关规定的，依照法律、法规的规定执行；法律、法规未作规定的，由交通运输主管部门给予通报批评、警告、责令改正以及罚款等处罚。

第二十四条 本办法所称施工分包，是指承包人将其所承包工程中的专项工程发包给其他专业施工企业完成的活动。

本办法所称发包人，是指公路工程建设的项目法人或者受其委托的建设管理单位。

本办法所称监理人，是指受发包人委托对发包工程实施监理的法人或者其他组织。

本办法所称承包人，是指由发包人授标，并与发包人签署正式合同的施工企业。

本办法所称分包人，是指从承包人处分包专项工程的专业施工企业。

本办法所称本单位人员，是指与本单位签订了合法的劳动合同，并为其办理了人事、工资及社会保险关系的人员。

本办法所称专项工程是指省级人民政府交通运输主管部门制定的分包资格中的相应工程内容。

第二十五条 除施工分包以外，承包人与他人合作完成的其他以劳务活动为主的施工活动统称为劳务合作。

第二十六条 承包人应当按照合同约定对劳务合作企业的劳务作业人员进行管理。承包人对其所管理的劳务作业人员行为向发包人承担全部责任。劳务作业人员应当具备相应资格，经培训后上岗。

第二十七条 本办法由交通运输部负责解释。

第二十八条 本办法自 2012 年 1 月 1 日起施行。

建筑工程施工发包与承包
计价管理办法

中华人民共和国住房和城乡建设部令
第 16 号

《建筑工程施工发包与承包计价管理办法》已经第 9 次部常务会议审议通过，现予发布，自 2014 年 2 月 1 日起施行。

住房城乡建设部部长
2013 年 12 月 11 日

第一条 为了规范建筑工程施工发包与承包计价行为，维护建筑工程发包与承包双方的合法权益，促进建筑市场的健康发展，根据有关法律、法规，制定本办法。

第二条 在中华人民共和国境内的建筑工程施工发包与承包计价（以下简称工程发承包计价）管理，适用本办法。

本办法所称建筑工程是指房屋建筑和市政基础设施工程。

本办法所称工程发承包计价包括编制工程量清单、最高投标限价、招标标底、投标报价，进行工程结算，以及签订和调整合同价款等活动。

第三条 建筑工程施工发包与承包价在政府宏观调控下，由市场竞争形成。

工程发承包计价应当遵循公平、合法和诚实信用的原则。

第四条 国务院住房城乡建设主管部门负责全国工程发承包计价工作的管理。

县级以上地方人民政府住房城乡建设主管部门负责本行政区域内工程发承包计价工作的管理。其具体工作可以委托工程造价管理机构负责。

第五条 国家推广工程造价咨询制度，对建筑工程项目实行全过程造价管理。

第六条 全部使用国有资金投资或者以国有资金投资为主的建筑工程（以下简称国有资金投资的建筑工程），应当采用工程量清单计价；非国有资金投资的建筑工程，鼓励采用工程量清单计价。

国有资金投资的建筑工程招标的，应当设有最高投标限价；非国有资金投资的建筑工程招标的，可以设有最高投标限价或者招标标底。

最高投标限价及其成果文件，应当由招标人报工程所在地县级以上地方人民政府住房城乡建设主管部门备案。

第七条 工程量清单应当依据国家制定的工程量清单计价规范、工程量计算规范等编制。工程量清单应当作为招标文件的组成部分。

第八条 最高投标限价应当依据工程量清单、工程计价有关规定和市场价格信息等编制。招标人设有最高投标限价的，应当在招标时公布最高投标限价的总价，以及各单位工程的分部分项工程费、措施项目费、其他项目费、规费和税金。

第九条 招标标底应当依据工程计价有关规定和市场价格信息等编制。

第十条 投标报价不得低于工程成本，不得高于最高投标限价。

投标报价应当依据工程量清单、工程计价有关规定、企业定额和市场价格信息等编制。

第十一条 投标报价低于工程成本或者高于最高投标限价总价的，评标委员会应当否决投标人的投标。

对是否低于工程成本报价的异议，评标委员会可以参照国务院住房城乡建设主管部门和省、自治区、直辖市人民政府住房城乡建设主管部门发布的有关规定进行评审。

第十二条 招标人与中标人应当根据中标价订立合同。不实行招标投标的工程由发承包双方协商订立合同。

合同价款的有关事项由发承包双方约定，一般包括合同价款约定方式，预付工程款、工程进度款、工程竣工价款的支付和结算方式，以及合同价款的调整情形等。

第十三条 发承包双方在确定合同价款时，应当考虑市场环境和生产要素价格变化对合同价款的影响。

实行工程量清单计价的建筑工程，鼓励发承包双方采用单价方式确定合同价款。

建设规模较小、技术难度较低、工期较短的建筑工程，发承包双方可以采用总价方式确定合同价款。

紧急抢险、救灾以及施工技术特别复杂的建筑工程，发承包双方可以采用成本加酬金方式确定合同价款。

第十四条 发承包双方应当在合同中约定，发生下列情形时合同价款的调整方法：

（一）法律、法规、规章或者国家有关政策变化影响合同价款的；

（二）工程造价管理机构发布价格调整信息的；

（三）经批准变更设计的；

（四）发包方更改经审定批准的施工组织设计造成费用增加的；

（五）双方约定的其他因素。

第十五条 发承包双方应当根据国务院住房城乡建设主管部门和省、自治区、直辖市人民政府住房城乡建设主管部门的规定，结合工程款、建设工期等情况在合同中约定预付工程款的具体事宜。

预付工程款按照合同价款或者年度工程计划额度的一定比例确定和支付，并在工程进度款中予以抵扣。

第十六条 承包方应当按照合同约定向发包方提交已完成工程量报告。发包方收到工程量报告后，应当按照合同约定及时核对并确认。

第十七条 发承包双方应当按照合同约定，定期或者按照工程进度分段进行工程款结算和支付。

第十八条 工程完工后，应当按照下列规定进行竣工结算：

（一）承包方应当在工程完工后的约定期限内提交竣工结算文件。

（二）国有资金投资建筑工程的发包方，应当委托具有相应资质的工程造价咨询企业对竣工结算文件进行审核，并在收到竣工结算文件后的约定期限内向承包方提出由工程造价咨询企业出具的竣工结算文件审核意见；逾期未答复的，按照合同约定处理，合同没有约定的，竣工结算文件视为已被认可。

非国有资金投资的建筑工程发包方，应当在收到竣工结算文件后的约定期限内予以答复，逾期未答复的，按照合同约定处理，合同没有约定的，竣工结算文件视为已被认可；发包方对竣工结算文件有异议的，应当在答复期内向承包方提出，并可以在提出异议之日起的约定期限内与承包方协商；发包方在协商期内未与承包方协商或者经协商未能与承包方达成协议的，应当委托工程造价咨询企业进行竣工结算审核，并在协商期满后的约定期限内向承包方提出由工程造价咨询企业出具的竣工结算文件审核意见。

（三）承包方对发包方提出的工程造价咨询企业竣工结算审核意见有异议的，在接到该审核意见后一个月内，可以向有关工程造价管理机构或者有关行业组织申请调解，调解不成的，可以依法申请仲裁或者向人民法院提起诉讼。

发承包双方在合同中对本条第（一）项、第（二）项的期限没有明确约定的，应当按照国家有关规定执行；国家没有规定的，可认为其约定期限均为 28 日。

第十九条 工程竣工结算文件经发承包双方签字确认的，应当作为工程决算的依据，未经对方同意，另一方不得就已生效的竣工结算文件委托工程造价咨询企业重复审核。发包方应当按照竣工结算文件及时支付竣工结算款。

竣工结算文件应当由发包方报工程所在地县级以上地方人民政府住房城乡建设主管部门备案。

第二十条 造价工程师编制工程量清单、最高投标限价、招标标底、投标报价、工程结算审核和工程造价鉴定文件，应当签字并加盖造价工程师执业专用章。

第二十一条　县级以上地方人民政府住房城乡建设主管部门应当依照有关法律、法规和本办法规定，加强对建筑工程发承包计价活动的监督检查和投诉举报的核查，并有权采取下列措施：

（一）要求被检查单位提供有关文件和资料；

（二）就有关问题询问签署文件的人员；

（三）要求改正违反有关法律、法规、本办法或者工程建设强制性标准的行为。

县级以上地方人民政府住房城乡建设主管部门应当将监督检查的处理结果向社会公开。

第二十二条　造价工程师在最高投标限价、招标标底或者投标报价编制、工程结算审核和工程造价鉴定中，签署有虚假记载、误导性陈述的工程造价成果文件的，记入造价工程师信用档案，依照《注册造价工程师管理办法》进行查处；构成犯罪的，依法追究刑事责任。

第二十三条　工程造价咨询企业在建筑工程计价活动中，出具有虚假记载、误导性陈述的工程造价成果文件的，记入工程造价咨询企业信用档案，由县级以上地方人民政府住房城乡建设主管部门责令改正，处1万元以上3万元以下的罚款，并予以通报。

第二十四条　国家机关工作人员在建筑工程计价监督管理工作中玩忽职守、徇私舞弊、滥用职权的，由有关机关给予行政处分；构成犯罪的，依法追究刑事责任。

第二十五条　建筑工程以外的工程施工发包与承包计价管理可以参照本办法执行。

第二十六条　省、自治区、直辖市人民政府住房城乡建设主管部门可以根据本办法制定实施细则。

第二十七条　本办法自2014年2月1日起施行。原建设部2001年11月5日发布的《建筑工程施工发包与承包计价管理办法》（建设部令第107号）同时废止。

建筑工程施工转包违法分包等
违法行为认定查处管理办法（试行）

住房城乡建设部关于印发《建筑工程
施工转包违法分包等违法行为认定查处
管理办法（试行）》的通知

各省、自治区住房城乡建设厅，直辖市建委，新疆生产建设兵团建设局：

为了规范建筑工程施工承发包活动，保证工程质量和施工安全，有效遏制违法发包、转包、违法分包及挂靠等违法行为，维护建筑市场秩序和建设工程主要参与方的合法权益，我部制定了《建筑工程施工转包违法分包等违法行为认定查处管理办法（试行）》，现印发给你们，请遵照执行。在执行过程中遇到的问题，请及时报我部。

中华人民共和国住房和城乡建设部
2014 年 8 月 4 日

第一条 为了规范建筑工程施工承发包活动，保证工程质量和施工安全，有效遏制违法发包、转包、违法分包及挂靠等违法行为，维护建筑市场秩序和建设工程主要参与方的合法权益，根据《建筑法》、《招标投标法》、《合同法》以及《建设工程质量管理条例》、《建设工程安全生产管理条例》、《招标投标法实施条例》等法律法规，结合建筑活动实践，制定本办法。

第二条 本办法所称建筑工程，是指房屋建筑和市政基础设施工程。

第三条 住房城乡建设部负责统一监督管理全国建筑工程违法发包、转包、违法分包及挂靠等违法行为的认定查处工作。

县级以上地方人民政府住房城乡建设主管部门负责本行政区域内建筑工程违法发包、转包、违法分包及挂靠等违法行为的认定查处工作。

第四条 本办法所称违法发包，是指建设单位将工程发包给不具有相应资质条件的单位或个人，或者肢解发包等违反法律法规规定的行为。

第五条 存在下列情形之一的，属于违法发包：

（一）建设单位将工程发包给个人的；

（二）建设单位将工程发包给不具有相应资质或安全生产许可的施工单位的；

（三）未履行法定发包程序，包括应当依法进行招标未招标，应当申请直接发包未申请或申请未核准的；

（四）建设单位设置不合理的招投标条件，限制、排斥潜在投标人或者投标人的；

（五）建设单位将一个单位工程的施工分解成若干部分发包给不同的施工总承包或专业承包单位的；

（六）建设单位将施工合同范围内的单位工程或分部分项工程又另行发包的；

（七）建设单位违反施工合同约定，通过各种形式要求承包单位选择其指定分包单位的；

（八）法律法规规定的其他违法发包行为。

第六条 本办法所称转包，是指施工单位承包工程后，不履行合同约定的责任和义务，将其承包的全部工程或者将其承包的全部工程肢解后以分包的名义分别转给其他单位或个人施工的行为。

第七条 存在下列情形之一的，属于转包：

（一）施工单位将其承包的全部工程转给其他单位或个人施工的；

（二）施工总承包单位或专业承包单位将其承包的全部工程肢解以后，以分包的名义分别转给其他单位或个人施工的；

（三）施工总承包单位或专业承包单位未在施工现场设立项目

管理机构或未派驻项目负责人、技术负责人、质量管理负责人、安全管理负责人等主要管理人员，不履行管理义务，未对该工程的施工活动进行组织管理的；

（四）施工总承包单位或专业承包单位不履行管理义务，只向实际施工单位收取费用，主要建筑材料、构配件及工程设备的采购由其他单位或个人实施的；

（五）劳务分包单位承包的范围是施工总承包单位或专业承包单位承包的全部工程，劳务分包单位计取的是除上缴给施工总承包单位或专业承包单位"管理费"之外的全部工程价款的；

（六）施工总承包单位或专业承包单位通过采取合作、联营、个人承包等形式或名义，直接或变相的将其承包的全部工程转给其他单位或个人施工的；

（七）法律法规规定的其他转包行为。

第八条 本办法所称违法分包，是指施工单位承包工程后违反法律法规规定或者施工合同关于工程分包的约定，把单位工程或分部分项工程分包给其他单位或个人施工的行为。

第九条 存在下列情形之一的，属于违法分包：

（一）施工单位将工程分包给个人的；

（二）施工单位将工程分包给不具备相应资质或安全生产许可的单位的；

（三）施工合同中没有约定，又未经建设单位认可，施工单位将其承包的部分工程交由其他单位施工的；

（四）施工总承包单位将房屋建筑工程的主体结构的施工分包给其他单位的，钢结构工程除外；

（五）专业分包单位将其承包的专业工程中非劳务作业部分再分包的；

（六）劳务分包单位将其承包的劳务再分包的；

（七）劳务分包单位除计取劳务作业费用外，还计取主要建筑材料款、周转材料款和大中型施工机械设备费用的；

（八）法律法规规定的其他违法分包行为。

第十条 本办法所称挂靠，是指单位或个人以其他有资质的施工单位的名义，承揽工程的行为。

前款所称承揽工程，包括参与投标、订立合同、办理有关施工手续、从事施工等活动。

第十一条 存在下列情形之一的，属于挂靠：

（一）没有资质的单位或个人借用其他施工单位的资质承揽工程的；

（二）有资质的施工单位相互借用资质承揽工程的，包括资质等级低的借用资质等级高的，资质等级高的借用资质等级低的，相同资质等级相互借用的；

（三）专业分包的发包单位不是该工程的施工总承包或专业承包单位的，但建设单位依约作为发包单位的除外；

（四）劳务分包的发包单位不是该工程的施工总承包、专业承包单位或专业分包单位的；

（五）施工单位在施工现场派驻的项目负责人、技术负责人、质量管理负责人、安全管理负责人中一人以上与施工单位没有订立劳动合同，或没有建立劳动工资或社会养老保险关系的；

（六）实际施工总承包单位或专业承包单位与建设单位之间没有工程款收付关系，或者工程款支付凭证上载明的单位与施工合同中载明的承包单位不一致，又不能进行合理解释并提供材料证明的；

（七）合同约定由施工总承包单位或专业承包单位负责采购或租赁的主要建筑材料、构配件及工程设备或租赁的施工机械设备，由其他单位或个人采购、租赁，或者施工单位不能提供有关采购、租赁合同及发票等证明，又不能进行合理解释并提供材料证明的；

（八）法律法规规定的其他挂靠行为。

第十二条 建设单位及监理单位发现施工单位有转包、违法分包及挂靠等违法行为的，应及时向工程所在地的县级以上人民政府住房城乡建设主管部门报告。

施工总承包单位或专业承包单位发现分包单位有违法分包及挂

靠等违法行为,应及时向建设单位和工程所在地的县级以上人民政府住房城乡建设主管部门报告;发现建设单位有违法发包行为的,应及时向工程所在地的县级以上人民政府住房城乡建设主管部门报告。

其他单位和个人发现违法发包、转包、违法分包及挂靠等违法行为的,均可向工程所在地的县级以上人民政府住房城乡建设主管部门进行举报并提供相关证据或线索。

接到举报的住房城乡建设主管部门应当依法受理、调查、认定和处理,除无法告知举报人的情况外,应当及时将查处结果告知举报人。

第十三条 县级以上人民政府住房城乡建设主管部门要加大执法力度,对在实施建筑市场和施工现场监督管理等工作中发现的违法发包、转包、违法分包及挂靠等违法行为,应当依法进行调查,按照本办法进行认定,并依法予以行政处罚。

(一)对建设单位将工程发包给不具有相应资质等级的施工单位的,依据《建筑法》第六十五条和《建设工程质量管理条例》第五十四条规定,责令其改正,处以 50 万元以上 100 万元以下罚款。对建设单位将建设工程肢解发包的,依据《建筑法》第六十五条和《建设工程质量管理条例》第五十五条规定,责令其改正,处工程合同价款 0.5% 以上 1% 以下的罚款;对全部或者部分使用国有资金的项目,并可以暂停项目执行或者暂停资金拨付。

(二)对认定有转包、违法分包违法行为的施工单位,依据《建筑法》第六十七条和《建设工程质量管理条例》第六十二条规定,责令其改正,没收违法所得,并处工程合同价款 0.5% 以上 1% 以下的罚款;可以责令停业整顿,降低资质等级;情节严重的,吊销资质证书。

(三)对认定有挂靠行为的施工单位或个人,依据《建筑法》第六十五条和《建设工程质量管理条例》第六十条规定,对超越本单位资质等级承揽工程的施工单位,责令停止违法行为,并处工程合同价款 2% 以上 4% 以下的罚款;可以责令停业整顿,降低资质等级；情节严重的，吊销资质证书；有违法所得的，予以没收。对未取得资质证书承揽工程的单位和个人，予以取缔，并处工程合同价款2%以上4%以下的罚款；有违法所得的，予以没收。对其他借用资质承揽工程的施工单位，按照超越本单位资质等级承揽工程予以处罚。

（四）对认定有转让、出借资质证书或者以其他方式允许他人以本单位的名义承揽工程的施工单位，依据《建筑法》第六十六条和《建设工程质量管理条例》第六十一条规定，责令改正，没收违法所得，并处工程合同价款2%以上4%以下的罚款；可以责令停业整顿，降低资质等级；情节严重的，吊销资质证书。

（五）对建设单位、施工单位给予单位罚款处罚的，依据《建设工程质量管理条例》第七十三条规定，对单位直接负责的主管人员和其他直接责任人员处单位罚款数额5%以上10%以下的罚款。

（六）对注册执业人员未执行法律法规的，依据《建设工程安全生产管理条例》第五十八条规定，责令其停止执业3个月以上1年以下；情节严重的，吊销执业资格证书，5年内不予注册；造成重大安全事故的，终身不予注册；构成犯罪的，依照刑法有关规定追究刑事责任。对注册执业人员违反法律法规规定，因过错造成质量事故的，依据《建设工程质量管理条例》第七十二条规定，责令停止执业1年；造成重大质量事故的，吊销执业资格证书，5年内不予注册；情节特别恶劣的，终身不予注册。

第十四条 县级以上人民政府住房城乡建设主管部门对有违法发包、转包、违法分包及挂靠等违法行为的单位和个人，除应按照本办法第十三条规定予以相应行政处罚外，还可以采取以下行政管理措施：

（一）建设单位违法发包，拒不整改或者整改仍达不到要求的，致使施工合同无效的，不予办理质量监督、施工许可等手续。对全部或部分使用国有资金的项目，同时将建设单位违法发包的行为告知其上级主管部门及纪检监察部门，并建议对建设单位直接负责的主管人员和其他直接责任人员给予相应的行政处分。

（二）对认定有转包、违法分包、挂靠、转让出借资质证书或者以其他方式允许他人以本单位的名义承揽工程等违法行为的施工单位，可依法限制其在 3 个月内不得参加违法行为发生地的招标投标活动、承揽新的工程项目，并对其企业资质是否满足资质标准条件进行核查，对达不到资质标准要求的限期整改，整改仍达不到要求的，资质审批机关撤回其资质证书。

对 2 年内发生 2 次转包、违法分包、挂靠、转让出借资质证书或者以其他方式允许他人以本单位的名义承揽工程的施工单位，责令其停业整顿 6 个月以上，停业整顿期间，不得承揽新的工程项目。

对 2 年内发生 3 次以上转包、违法分包、挂靠、转让出借资质证书或者以其他方式允许他人以本单位的名义承揽工程的施工单位，资质审批机关降低其资质等级。

（三）注册执业人员未执行法律法规，在认定有转包行为的项目中担任施工单位项目负责人的，吊销其执业资格证书，5 年内不予注册，且不得再担任施工单位项目负责人。

对认定有挂靠行为的个人，不得再担任该项目施工单位项目负责人；有执业资格证书的吊销其执业资格证书，5 年内不予执业资格注册；造成重大质量安全事故的，吊销其执业资格证书，终身不予注册。

第十五条 县级以上人民政府住房城乡建设主管部门应将查处的违法发包、转包、违法分包、挂靠等违法行为和处罚结果记入单位或个人信用档案，同时向社会公示，并逐级上报至住房城乡建设部，在全国建筑市场监管与诚信信息发布平台公示。

第十六条 建筑工程以外的其他专业工程参照本办法执行。省级人民政府住房城乡建设主管部门可结合本地实际，依据本办法制定相应实施细则。

第十七条 本办法由住房城乡建设部负责解释。

第十八条 本办法自 2014 年 10 月 1 日起施行。住房城乡建设部之前发布的有关规定与本办法的规定不一致的，以本办法为准。

公路水运工程质量监督管理规定

中华人民共和国交通运输部令
2017 年第 28 号

《公路水运工程质量监督管理规定》已于 2017 年 8 月 29 日经第 14 次部务会议通过，现予公布，自 2017 年 12 月 1 日起施行。

交通运输部部长
2017 年 9 月 4 日

第一章　总　　则

第一条　为了加强公路水运工程质量监督管理，保证工程质量，根据《中华人民共和国公路法》《中华人民共和国港口法》《中华人民共和国航道法》《建设工程质量管理条例》等法律、行政法规，制定本规定。

第二条　公路水运工程质量监督管理，适用本规定。

第三条　本规定所称公路水运工程，是指经依法审批、核准或者备案的公路、水运基础设施的新建、改建、扩建等建设项目。

本规定所称公路水运工程质量，是指有关公路水运工程建设的法律、法规、规章、技术标准、经批准的设计文件以及工程合同对建设公路水运工程的安全、适用、经济、美观等特性的综合要求。

本规定所称从业单位，是指从事公路、水运工程建设、勘察、设计、施工、监理、试验检测等业务活动的单位。

第四条 交通运输部负责全国公路水运工程质量监督管理工作。交通运输部长江航务管理局按照规定的职责对长江干线航道工程质量监督管理。

县级以上地方人民政府交通运输主管部门按照规定的职责负责本行政区域内的公路水运工程质量监督管理工作。

公路水运工程质量监督管理，可以由交通运输主管部门委托的建设工程质量监督机构具体实施。

第五条 交通运输主管部门应当制定完善公路水运工程质量监督管理制度、政策措施，依法加强质量监督管理，提高质量监督管理水平。

第六条 公路水运工程建设领域鼓励和支持质量管理新理念、新技术、新方法的推广应用。

第二章　质量管理责任和义务

第七条 从业单位应当建立健全工程质量保证体系，制定质量管理制度，强化工程质量管理措施，完善工程质量目标保障机制。

公路水运工程施行质量责任终身制。建设、勘察、设计、施工、监理等单位应当书面明确相应的项目负责人和质量负责人。从业单位的相关人员按照国家法律法规和有关规定在工程合理使用年限内承担相应的质量责任。

第八条 建设单位对工程质量负管理责任，应当科学组织管理，落实国家法律、法规、工程建设强制性标准的规定，严格执行国家有关工程建设管理程序，建立健全项目管理责任机制，完善工程项目管理制度，严格落实质量责任制。

第九条 建设单位应当与勘察、设计、施工、监理等单位在合同中明确工程质量目标、质量管理责任和要求，加强对涉及质量的关键人员、施工设备等方面的合同履约管理，组织开展质量检查，督促有关单位及时整改质量问题。

第十条 勘察、设计单位对勘察、设计质量负责，应当按照有关规定、强制性标准进行勘察、设计，保证勘察、设计工作深度和质量。勘察单位提供的勘察成果文件应当满足工程设计的需要。设计单位应当根据勘察成果文件进行工程设计。

第十一条 设计单位应当按照相关规定，做好设计交底、设计变更和后续服务工作，保障设计意图在施工中得以贯彻落实，及时处理施工中与设计相关的质量技术问题。

第十二条 公路水运工程交工验收前，设计单位应当对工程建设内容是否满足设计要求、是否达到使用功能等方面进行综合检查和分析评价，向建设单位出具工程设计符合性评价意见。

第十三条 施工单位对工程施工质量负责，应当按合同约定设立现场质量管理机构、配备工程技术人员和质量管理人员，落实工程施工质量责任制。

第十四条 施工单位应当严格按照工程设计图纸、施工技术标准和合同约定施工，对原材料、混合料、构配件、工程实体、机电设备等进行检验；按规定施行班组自检、工序交接检、专职质检员检验的质量控制程序；对分项工程、分部工程和单位工程进行质量自评。检验或者自评不合格的，不得进入下道工序或者投入使用。

第十五条 施工单位应当加强施工过程质量控制，并形成完整、可追溯的施工质量管理资料，主体工程的隐蔽部位施工还应当保留影像资料。对施工中出现的质量问题或者验收不合格的工程，应当负责返工处理；对在保修范围和保修期限内发生质量问题的工程，应当履行保修义务。

第十六条 勘察、设计、施工单位应当依法规范分包行为，并对各自承担的工程质量负总责，分包单位对分包合同范围内的工程质量负责。

第十七条 监理单位对施工质量负监理责任，应当按合同约定设立现场监理机构，按规定程序和标准进行工程质量检查、检测和验收，对发现的质量问题及时督促整改，不得降低工程质量标准。

公路水运工程交工验收前，监理单位应当根据有关标准和规范要求对工程质量进行检查验证，编制工程质量评定或者评估报告，并提交建设单位。

第十八条 施工、监理单位应当按照合同约定设立工地临时试验室，严格按照工程技术标准、检测规范和规程，在核定的试验检测参数范围内开展试验检测活动。

施工、监理单位应当对其设立的工地临时试验室所出具的试验检测数据和报告的真实性、客观性、准确性负责。

第十九条 材料和设备的供应单位应当按照有关规定和合同约定对其产品或者服务质量负责。

第三章　监督管理

第二十条 公路水运工程实行质量监督管理制度。

交通运输主管部门及其委托的建设工程质量监督机构应当依据法律、法规和强制性标准等，科学、规范、公正地开展公路水运工程质量监督管理工作。任何单位和个人不得非法干预或者阻挠质量监督管理工作。

第二十一条 交通运输主管部门委托的建设工程质量监督机构应当满足以下基本条件：

（一）从事质量监督管理工作的专业技术人员数量不少于本单位职工总数的70%，且专业结构配置合理，满足质量监督管理工作需要，从事现场执法的人员应当按规定取得行政执法证件；

（二）具备开展质量监督管理的工作条件，按照有关装备标准配备质量监督检查所必要的检测设备、执法装备等；

（三）建立健全质量监督管理制度和工作机制，落实监督管理工作责任，加强业务培训。

质量监督管理工作经费应当由交通运输主管部门按照国家规定协调有关部门纳入同级财政预算予以保障。

第二十二条 交通运输主管部门或者其委托的建设工程质量监

督机构依法要求建设单位按规定办理质量监督手续。

建设单位应当按照国家规定向交通运输主管部门或者其委托的建设工程质量监督机构提交以下材料，办理工程质量监督手续：

（一）公路水运工程质量监督管理登记表；

（二）交通运输主管部门批复的施工图设计文件；

（三）施工、监理合同及招投标文件；

（四）建设单位现场管理机构、人员、质量保证体系等文件；

（五）本单位以及勘察、设计、施工、监理、试验检测等单位对其项目负责人、质量负责人的书面授权委托书、质量保证体系等文件；

（六）依法要求提供的其他相关材料。

第二十三条 建设单位提交的材料符合规定的，交通运输主管部门或者其委托的建设工程质量监督机构应当在 15 个工作日内为其办理工程质量监督手续，出具公路水运工程质量监督管理受理通知书。

公路水运工程质量监督管理受理通知书中应当明确监督人员、内容和方式等。

第二十四条 建设单位在办理工程质量监督手续后、工程开工前，应当按照国家有关规定办理施工许可或者开工备案手续。

交通运输主管部门或者其委托的建设工程质量监督机构应当自建设单位办理完成施工许可或者开工备案手续之日起，至工程竣工验收完成之日止，依法开展公路水运工程建设的质量监督管理工作。

第二十五条 公路水运工程交工验收前，建设单位应当组织对工程质量是否合格进行检测，出具交工验收质量检测报告，连同设计单位出具的工程设计符合性评价意见、监理单位提交的工程质量评定或者评估报告一并提交交通运输主管部门委托的建设工程质量监督机构。

交通运输主管部门委托的建设工程质量监督机构应当对建设单位提交的报告材料进行审核，并对工程质量进行验证性检测，出具工程交工质量核验意见。

工程交工质量核验意见应当包括交工验收质量检测工作组织、质量评定或者评估程序执行、监督管理过程中发现的质量问题整改以及工程质量验证性检测结果等情况。

第二十六条　公路水运工程竣工验收前，交通运输主管部门委托的建设工程质量监督机构应当根据交通运输主管部门拟定的验收工作计划，组织对工程质量进行复测，并出具项目工程质量鉴定报告，明确工程质量水平；同时出具项目工程质量监督管理工作报告，对项目建设期质量监督管理工作进行全面总结。

工程质量鉴定报告应当以工程交工质量核验意见为参考，包括交工遗留问题和试运行期间出现的质量问题及整改、是否存在影响工程正常使用的质量缺陷、工程质量用户满意度调查及工程质量复测和鉴定结论等情况。

交通运输主管部门委托的建设工程质量监督机构应当将项目工程质量鉴定报告和项目工程质量监督管理工作报告提交负责组织竣工验收的交通运输主管部门。

第二十七条　交通运输主管部门委托的建设工程质量监督机构具备相应检测能力的，可以自行对工程质量进行检测；不具备相应检测能力的，可以委托具有相应能力等级的第三方试验检测机构负责相应检测工作。委托试验检测机构开展检测工作的，应当遵守政府采购有关法律法规的要求。

第二十八条　交通运输主管部门或者其委托的建设工程质量监督机构可以采取随机抽查、备案核查、专项督查等方式对从业单位实施监督检查。

公路水运工程质量监督管理工作实行项目监督责任制，可以明确专人或者设立工程项目质量监督组，实施项目质量监督管理工作。

第二十九条　交通运输主管部门或者其委托的建设工程质量监督机构应当制定年度工程质量监督检查计划，确定检查内容、方式、频次以及有关要求等。监督检查的内容主要包括：

（一）从业单位对工程质量法律、法规的执行情况；

（二）从业单位对公路水运工程建设强制性标准的执行情况；

（三）从业单位质量责任落实及质量保证体系运行情况；

（四）主要工程材料、构配件的质量情况；

（五）主体结构工程实体质量等情况。

第三十条 实施监督检查时，应当有 2 名以上人员参加，并出示有效执法证件。检查人员对涉及被检查单位的技术秘密和商业秘密，应当为其保密。

第三十一条 监督检查过程中，检查人员发现质量问题的，应当当场提出检查意见并做好记录。质量问题较为严重的，检查人员应当将检查时间、地点、内容、主要问题及处理意见形成书面记录，并由检查人员和被检查单位现场负责人签字。被检查单位现场负责人拒绝签字的，检查人员应当将情况记录在案。

第三十二条 交通运输主管部门或者其委托的建设工程质量监督机构履行监督检查职责时，有权采取下列措施：

（一）进入被检查单位和施工现场进行检查；

（二）询问被检查单位工作人员，要求其说明有关情况；

（三）要求被检查单位提供有关工程质量的文件和材料；

（四）对工程材料、构配件、工程实体质量进行抽样检测；

（五）对发现的质量问题，责令改正，视情节依法对责任单位采取通报批评、罚款、停工整顿等处理措施。

第三十三条 从业单位及其工作人员应当主动接受、配合交通运输主管部门或者其委托的建设工程质量监督机构的监督检查，不得拒绝或者阻碍。

第三十四条 公路水运工程发生质量事故，建设、施工单位应当按照交通运输部制定的公路水运建设工程质量事故等级划分和报告制度，及时、如实报告。交通运输主管部门或者其委托的建设工程质量监督机构接到事故报告后，应当按有关规定上报事故情况，并及时组织事故抢救，组织或者参与事故调查。

第三十五条 任何单位和个人都有权如实向交通运输主管部门及其委托的建设工程质量监督机构举报、投诉工程质量事故和质量问题。

第三十六条　交通运输主管部门应当加强对工程质量数据的统计分析，建立健全质量动态信息发布和质量问题预警机制。

第三十七条　交通运输主管部门应当完善公路水运工程质量信用档案，健全质量信用评价体系，加强对公路水运工程质量的信用评价管理，并按规定将有关信用信息纳入交通运输和相关统一信用信息共享平台。

第三十八条　交通运输主管部门应当健全违法违规信息公开制度，将从业单位及其人员的失信行为、举报投诉并被查实的质量问题、发生的质量事故、监督检查结果等情况，依法向社会公开。

第四章　法律责任

第三十九条　违反本规定第十条规定，勘察、设计单位未按照工程建设强制性标准进行勘察、设计的，设计单位未根据勘察成果文件进行工程设计的，依照《建设工程质量管理条例》第六十三条规定，责令改正，按以下标准处以罚款；造成质量事故的，责令停工整顿：

（一）工程尚未开工建设的，处 10 万元以上 20 万元以下的罚款；

（二）工程已开工建设的，处 20 万元以上 30 万元以下的罚款。

第四十条　违反本规定第十四条规定，施工单位不按照工程设计图纸或者施工技术标准施工的，依照《建设工程质量管理条例》第六十四条规定，责令改正，按以下标准处以罚款；情节严重的，责令停工整顿：

（一）未造成工程质量事故的，处所涉及单位工程合同价款2%的罚款；

（二）造成工程质量一般事故的，处所涉及单位工程合同价款2%以上3%以下的罚款；

（三）造成工程质量较大及以上等级事故的，处所涉及单位工程合同价款3%以上4%以下的罚款。

第四十一条 违反本规定第十四条规定，施工单位未按规定对原材料、混合料、构配件等进行检验的，依照《建设工程质量管理条例》第六十五条规定，责令改正，按以下标准处以罚款；情节严重的，责令停工整顿：

（一）未造成工程质量事故的，处 10 万元以上 15 万元以下的罚款；

（二）造成工程质量事故的，处 15 万元以上 20 万元以下的罚款。

第四十二条 违反本规定第十五条规定，施工单位对施工中出现的质量问题或者验收不合格的工程，未进行返工处理或者拖延返工处理的，责令改正，处 1 万元以上 3 万元以下的罚款。

施工单位对保修范围和保修期限内发生质量问题的工程，不履行保修义务或者拖延履行保修义务的，依照《建设工程质量管理条例》第六十六条规定，责令改正，按以下标准处以罚款：

（一）未造成工程质量事故的，处 10 万元以上 15 万元以下的罚款；

（二）造成工程质量事故的，处 15 万元以上 20 万元以下的罚款。

第四十三条 违反本规定第十七条规定，监理单位在监理工作中弄虚作假、降低工程质量的，或者将不合格的建设工程、建筑材料、建筑构配件和设备按照合格签字的，依照《建设工程质量管理条例》第六十七条规定，责令改正，按以下标准处以罚款，降低资质等级或者吊销资质证书；有违法所得的，予以没收：

（一）未造成工程质量事故的，处 50 万元以上 60 万元以下的罚款；

（二）造成工程质量一般事故的，处 60 万元以上 70 万元以下的罚款；

（三）造成工程质量较大事故的，处 70 万元以上 80 万元以下的罚款；

（四）造成工程质量重大及以上等级事故的，处 80 万元以上

100 万元以下的罚款。

第四十四条 违反本规定第十八条规定，设立工地临时实验室的单位弄虚作假、出具虚假数据报告的，责令改正，处 1 万元以上 3 万元以下的罚款。

第四十五条 违反本规定第二十二条规定，建设单位未按照规定办理工程质量监督手续的，依照《建设工程质量管理条例》第五十六条规定，责令改正，按以下标准处以罚款：

（一）未造成工程质量事故的，处 20 万元以上 30 万元以下的罚款；

（二）造成工程质量一般事故的，处 30 万元以上 40 万元以下的罚款；

（三）造成工程质量较大及以上等级事故的，处 40 万元以上 50 万元以下的罚款。

第四十六条 依照《建设工程质量管理条例》规定给予单位罚款处罚的，对单位直接负责的主管人员和其他直接责任人员处单位罚款数额 5% 以上 10% 以下的罚款。

第四十七条 交通运输主管部门及其委托的建设工程质量监督机构的工作人员在监督管理工作中玩忽职守、滥用职权、徇私舞弊的，依法给予处分；构成犯罪的，依法追究刑事责任。

第五章 附 则

第四十八条 乡道、村道工程建设的质量监督管理参照本规定执行。

第四十九条 本规定自 2017 年 12 月 1 日起施行。交通部于 1999 年 2 月 24 日发布的《公路工程质量管理办法》（交公路发〔1999〕90 号）、2000 年 6 月 7 日发布的《水运工程质量监督规定》（交通部令 2000 年第 3 号）和 2005 年 5 月 8 日发布的《公路工程质量监督规定》（交通部令 2005 年第 4 号）同时废止。

附 录

公路水运工程施工企业项目负责人施工现场带班生产制度（暂行）

交通运输部关于印发《公路水运工程施工企业项目负责人施工现场带班生产制度（暂行）》的通知

交质监发〔2012〕576号

各省、自治区、直辖市、新疆生产建设兵团交通运输厅（局、委），上海市、天津市交通运输和港口管理局，天津市市政公路管理局，长江航务管理局，长江口航道管理局，中国交通建设集团有限公司：

为切实贯彻《国务院关于进一步加强企业安全生产工作的通知》（国发〔2010〕23号）、《国务院关于坚持科学发展安全发展促进安全生产形势持续稳定好转的意见》（国发〔2011〕40号），进一步完善施工安全监管制度体系，落实企业安全生产主体责任，规范施工企业项目主要负责人带班生产行为，现印发《公路水运工程施工企业项目负责人施工现场带班生产制度（暂行）》，自印发之日起施行。请各地结合实际，认真组织实施。

交通运输部

2012 年 11 月 2 日

为进一步加强公路水运工程施工现场安全生产管理，落实企业安全生产责任，根据《国务院关于进一步加强企业安全生产工作的通知》（国发〔2010〕23号）、国家发展改革委等七部委《关于加强重大工程安全质量保障措施的通知》（发改投资〔2009〕3183号）以及有关法规规定，制定本制度。

一、公路水运工程施工企业项目负责人在公路水运工程施工作业活动场所（下简称"施工现场"）带班生产以及对其实施的监督检查、考核评价等，应当遵守本制度。

本制度所称的公路水运工程施工企业项目负责人，是指公路水运工程施工合同段的项目经理、项目副经理、项目总工。施工企业设立安全总监岗位的，同时包括安全总监。

对于有专业（或劳务）分包的合同段，同时包括分包项目的施工管理负责人、技术负责人和安全负责人。对于施工总承包的项目，同时包括项目分段（分部或工区）的施工管理负责人、技术负责人和安全负责人。

项目负责人施工现场带班生产，是指项目负责人在施工现场，组织协调和指导公路水运工程项目的安全生产活动，第一时间负责组织现场突发事件应急处置。

二、公路水运工程施工期间，项目负责人必须在施工现场轮流带班生产。项目负责人原则上不得同时承担2个及以上施工合同段安全生产管理工作，确需兼任的，应当征得项目建设单位的书面同意。

项目经理是公路水运工程施工合同段安全生产管理的第一责任人，对落实带班生产制度负全面领导责任。

三、公路水运工程施工合同段项目经理部，应根据项目施工特点，建立项目负责人施工现场轮流带班生产制度，明确工作内容、职责权限、人员安排和考核奖惩等要求，制定月度带班生产计划，并严格实施。

对于有专业（或劳务）分包的合同段，分包单位应制定月度带班生产计划，并报承包单位项目经理部备案。

对于施工总承包的项目，项目分段（分部或工区）实施单位应制定月度带班生产计划，并报施工总承包项目经理部备案。

四、施工企业项目负责人施工现场带班生产制度和月度带班生产计划应报项目监理单位审查确认并报建设单位备案。

项目负责人因其他事务不能带班生产时，项目经理应指定其他项目负责人承担其带班工作，并提前向项目监理单位报备。

五、公路水运工程施工期间，每日带班生产的项目负责人姓名及其联系方式、监督电话等，应当在项目经理部驻地立牌公告。

六、项目负责人带班生产方式主要有：

（一）现场巡视检查：对当日本合同段内施工作业区进行巡视检查，了解掌握施工现场安全生产状况，重点检查危险性较大的分部分项工程、事故多发易发的施工环节或部位。

（二）蹲点带班生产：巡视检查后，项目负责人根据施工现场安全生产状况，选择当日事故多发易发的施工环节或部位，或危险性较大的分部分项工程，或本合同段首件工程等作业区蹲点带班生产。

本制度所称"危险性较大的工程"为《公路水运工程安全生产监督管理办法》第二十三条规定的应当编制专项施工方案的以下工程：

1. 不良地质条件下有潜在危险性的土方、石方开挖；

2. 滑坡和高边坡处理；

3. 桩基础、挡墙基础、深水基础及围堰工程；

4. 桥梁工程中的梁、拱、柱等构件施工等；

5. 隧道工程中的不良地质隧道、高瓦斯隧道、水底海底隧道等；

6. 水上工程中的打桩船作业、施工船作业、外海孤岛作业、边通航边施工作业等；

7. 水下工程中的水下焊接、混凝土浇注、爆破工程等；

8. 爆破工程；

9. 大型临时工程中的大型支架、模板、便桥的架设与拆除；桥梁、码头的加固与拆除；

10. 其他危险性较大的工程。

本制度所称"事故多发易发的施工环节或部位"，由施工单位根据本合同段的工程特点、施工环境、施工工艺及作业人员操作水平等自行确定，并应在本合同段施工现场轮流带班生产制度和月度带班生产计划中予以明确。

七、项目负责人带班生产时，应履行以下职责：

（一）检查本合同段安全生产条件落实情况：

1. 专职安全员施工现场履责情况；作业人员个人防护和施工现场临边防护的规范性；

2. 特种作业人员持证上岗情况；起重机械和整体提升式脚手架、滑模爬模、架桥机等设备检验验收与安全运行情况；

3. 承重支架或满堂脚手架、施工挂篮运行情况；

4. 安全技术交底与班前会落实情况。

（二）检查施工组织设计或专项施工方案中安全措施的落实情况；

（三）加强对重点部位、关键环节的施工指导，及时制止"三违"行为；

（四）及时发现、报告并组织消除事故隐患和险情；

（五）填写带班生产工作日志并签字归档备查。

八、公路水运工程施工企业应建立本企业项目负责人施工现场带班生产的责任考核制度，每半年至少组织 1 次对所承揽工程项目经理部的定期检查考核，检查考核结果应报备项目监理和建设单位。

九、项目负责人现场轮流带班生产制度执行情况纳入对施工企业的信用评价范围。

项目监理单位应定期或不定期地对施工企业项目负责人施工现场带班生产制度和月度带班生产计划的落实情况进行专项检查，每季度对各施工合同段项目负责人施工现场带班生产工作进行考核评价，并将评价结果报建设单位。

项目建设单位应建立施工合同段项目负责人施工现场带班生产

工作的考核奖惩制度，纳入合同履约管理，每半年至少组织一次全面的考核。

十、各级交通运输主管部门及其安全监督机构应加强对施工企业项目负责人施工现场带班生产制度落实情况的督查。

对未执行带班生产制度的项目负责人，作为个人不良信用予以记录，不予办理其安全生产考核合格证书的延期考核。

对未执行带班生产制度或执行不力的施工企业，应责令纠正，并通报批评，同时作为企业不良信用予以记录；发生质量安全事故的，依法从重进行行政处罚，追究相关责任人的法律责任。

十一、对公路水运工程施工企业项目负责人未实施施工现场带班生产或者存在弄虚作假行为的，任何单位和个人均有权向项目建设单位、县级以上地方人民政府交通运输主管部门及其安全监督机构举报。

建筑施工企业负责人及项目负责人
施工现场带班暂行办法

住房和城乡建设部关于印发《建筑施工企业负责人及项目负责人施工现场带班暂行办法》的通知

建质〔2011〕111号

各省、自治区住房城乡建设厅，直辖市建委（建交委），新疆生产建设兵团建设局，中央管理的建筑施工企业：

为贯彻落实《国务院关于进一步加强企业安全生产工作的通知》（国发〔2010〕23号），切实加强建筑施工企业及施工现场质量安全管理工作，我部制定了《建筑施工企业负责人及项目负责人施工现场带班暂行办法》。现印发给你们，请遵照执行。

中华人民共和国住房和城乡建设部

二〇一一年七月二十二日

第一条 为进一步加强建筑施工现场质量安全管理工作，根据《国务院关于进一步加强企业安全生产工作的通知》（国发〔2010〕23号）要求和有关法规规定，制定本办法。

第二条 本办法所称的建筑施工企业负责人，是指企业的法定代表人、总经理、主管质量安全和生产工作的副总经理、总工程师和副总工程师。

本办法所称的项目负责人，是指工程项目的项目经理。

本办法所称的施工现场，是指进行房屋建筑和市政工程施工作业活动的场所。

第三条 建筑施工企业应当建立企业负责人及项目负责人施工

现场带班制度，并严格考核。

施工现场带班制度应明确其工作内容、职责权限和考核奖惩等要求。

第四条 施工现场带班包括企业负责人带班检查和项目负责人带班生产。

企业负责人带班检查是指由建筑施工企业负责人带队实施对工程项目质量安全生产状况及项目负责人带班生产情况的检查。

项目负责人带班生产是指项目负责人在施工现场组织协调工程项目的质量安全生产活动。

第五条 建筑施工企业法定代表人是落实企业负责人及项目负责人施工现场带班制度的第一责任人，对落实带班制度全面负责。

第六条 建筑施工企业负责人要定期带班检查，每月检查时间不少于其工作日的25%。

建筑施工企业负责人带班检查时，应认真做好检查记录，并分别在企业和工程项目存档备查。

第七条 工程项目进行超过一定规模的危险性较大的分部分项工程施工时，建筑施工企业负责人应到施工现场进行带班检查。对于有分公司（非独立法人）的企业集团，集团负责人因故不能到现场的，可书面委托工程所在地的分公司负责人对施工现场进行带班检查。

本条所称"超过一定规模的危险性较大的分部分项工程"详见《关于印发〈危险性较大的分部分项工程安全管理办法〉的通知》（建质〔2009〕87号）的规定。

第八条 工程项目出现险情或发现重大隐患时，建筑施工企业负责人应到施工现场带班检查，督促工程项目进行整改，及时消除险情和隐患。

第九条 项目负责人是工程项目质量安全管理的第一责任人，应对工程项目落实带班制度负责。

项目负责人在同一时期只能承担一个工程项目的管理工作。

第十条 项目负责人带班生产时，要全面掌握工程项目质量安全生产状况，加强对重点部位、关键环节的控制，及时消除隐患。要认真做好带班生产记录并签字存档备查。

第十一条　项目负责人每月带班生产时间不得少于本月施工时间的80%。因其他事务需离开施工现场时，应向工程项目的建设单位请假，经批准后方可离开。离开期间应委托项目相关负责人负责其外出时的日常工作。

第十二条　各级住房城乡建设主管部门应加强对建筑施工企业负责人及项目负责人施工现场带班制度的落实情况的检查。对未执行带班制度的企业和人员，按有关规定处理；发生质量安全事故的，要给予企业规定上限的经济处罚，并依法从重追究企业法定代表人及相关人员的责任。

第十三条　工程项目的建设、监理等相关责任主体的施工现场带班要求应参照本办法执行。

第十四条　省级住房城乡建设主管部门可依照本办法制定实施细则。

第十五条　本办法自发文之日起施行。

南水北调工程建设关键工序施工
质量考核奖惩办法（试行）

国务院南水北调工程建设委员会办公室关于印发
《南水北调工程建设关键工序施工质量考核
奖惩办法（试行）》的通知
国调办监督〔2012〕255 号

各省（直辖市）南水北调办（建管局），各项目法人：

为进一步加强南水北调工程建设质量管理，强化施工
质量过程控制，现印发《南水北调工程建设关键工序施工
质量考核奖惩办法（试行）》，请遵照执行。

国务院南水北调工程建设委员会办公室
2012 年 11 月 6 日

第一章 总 则

第一条 为加强南水北调工程建设质量管理，进一步明确各参
建单位质量管理职责，加强施工质量过程控制，鼓励关键工序施工
作业人员增强质量意识，实现工程质量总体建设目标，结合工程建
设实际，国务院南水北调工程建设委员会办公室（以下简称国务院
南水北调办）制订本办法。

第二条 本办法适用于南水北调东、中线一期主体工程建设。

第三条 本办法所称建设管理单位系指由项目法人（含有关省
级建设管理单位）直接派出或以代建管理模式对土建施工合同和监
理合同进行管理的单位，以及该单位派到施工现场、具体从事工程
建设管理的机构。

第四条 关键工序考核实行分级负责、分级考核。施工单位负
责对关键工序施工作业班组和初检、复检、终检人员进行考核，监

理单位负责对施工单位进行考核，建设管理单位负责对监理、施工单位进行考核，项目法人（含有关省级建设管理单位）负责对建设管理、监理、施工单位进行考核，国务院南水北调办负责对项目法人（含有关省级建设管理单位）组织的关键工序考核过程进行监督检查并考核。

第五条 关键工序考核工程类型分为建筑物混凝土工程、渠道衬砌工程、土石方填筑工程等三类。所涉关键工序包括：

（一）建筑物混凝土工程：钢筋制作及安装、模板（含止水）安装、混凝土浇筑、施工缝凿毛、混凝土养护、预应力张拉及灌浆。

（二）渠道衬砌工程：透水管安装、逆止阀安装、复合土工膜焊接、混凝土浇筑、混凝土养护、切缝、嵌缝。

（三）土石方填筑工程：填方渠道（堤）填筑、改性土换填、穿渠（堤）建筑物周边回填。

第六条 施工单位负责确定关键工序考核工程，监理单位负责审核确定，建设管理单位、项目法人（含有关省级建设管理单位）负责检查。

第七条 施工、监理单位依据本办法对关键工序的考核与规程规范确定的工序验收同步进行。在完成工序验收后，监理单位填写关键工序考核记录表，并执行本办法有关规定。

第八条 建设管理单位、项目法人（含有关省级建设管理单位）、国务院南水北调办独立进行对关键工序的考核，施工、监理单位要提供关键工序考核的有关工作记录和资料。

第二章 职 责

第九条 国务院南水北调办以抽查方式检查关键工序施工质量，对项目法人（含有关省级建设管理单位）组织的关键工序考核进行随机抽查，对施工、监理、建设管理、项目法人（含有关省级建设管理单位）等单位相关人员实施奖惩。抽查方式包括质量巡查、飞检、专项稽察和举报调查等。

第十条　项目法人（含有关省级建设管理单位）以抽查方式负责检查关键工序施工质量，统计汇总考核情况，对施工、监理单位相关人员按月实施奖惩，对建设管理单位相关人员按季度实施奖惩，筹集关键工序考核奖励资金，收缴和管理关键工序考核罚款。

第十一条　建设管理单位以抽查方式负责检查关键工序施工质量，检查施工、监理单位关键工序考核情况，对施工、监理单位相关人员按月实施奖惩，定期向项目法人（含有关省级建设管理单位）报告关键工序考核情况。

第十二条　监理单位负责对关键工序施工质量进行考核，检查施工单位关键工序考核情况，责成施工单位按照考核结果实施奖惩，定期向建设管理单位报告关键工序考核情况。

第十三条　施工单位负责对关键工序施工质量进行考核，并按照监理单位关键工序考核结果对施工单位相关人员实施奖惩。

第十四条　在进行关键工序考核前，施工单位要按照表1和附件1自查重要施工程序，监理单位、建设管理单位、项目法人（含有关省级建设管理单位）按照表1和附件1进行检查。

表1　重要施工程序检查内容表

重要施工程序	检查内容
施工技术准备	图纸审查、设计交底、关键工序作业人员培训等
原材料及中间产品	对施工单位进场原材料和中间产品的取样、送样和检测进行验收，并对其中的检测全过程见证，按照规定要求进行平行检测和跟踪检测
关键参数的确定	土料含水率、改性土拌制及填筑、高填方碾压参数、压实度、反滤料压实、钢筋焊接、土工膜焊接等关键参数的确定和检验
实验室及混凝土配合比	施工单位实验室设备和人员配备，以及资质和资格，审核批准混凝土配合比，拌和楼工作期间定期、不定期抽查检查等

第三章　考核对象和考核标准

第十五条　关键工序被考核单位包括施工、监理、建设管理、项目法人（含有关省级建设管理单位）等参建单位。各单位具体考核对象见表2。

表2　关键工序考核对象表

被考核单位	考核对象
施工单位	关键工序施工作业班组，有关的初检、复检、终检人员，质量管理负责人，项目经理
监理单位	关键工序现场监理工程师，质量管理负责人，总监理工程师
建设管理单位	参加关键工序考核人员，质量管理负责人，建设管理单位现场负责人、建设管理单位主要负责人
项目法人（含有关省级建设管理单位）	参加关键工序考核人员，质量管理负责人、主要负责人

其中关键工序施工作业人员详见表3。

表3　关键工序施工作业人员表

工程分类	关键工序施工作业人员
建筑物混凝土工程	钢筋制安工、模板（含止水）安装工、浇筑振捣工、施工缝凿毛工、混凝土养护工、预应力张拉工及灌浆工
渠道衬砌工程	透水管安装工、逆止阀安装工、土工膜焊接工、混凝土浇筑及收面工、混凝土养护工、切缝工、嵌缝工
土石方填筑工程	铺料工、碾压工、层间结合面处理工、泥浆涂刷工

第十六条　关键工序考核指标分为检查指标和检测指标。关键工序考核标准分为"好"、"中"、"差"三个等级，详见表4。

表 4　关键工序考核标准表

考核项目	考核标准		
	好	中	差
建筑物混凝土工程	检查指标符合质量标准且检测指标逐项合格率≥90%。	检查指标符合质量标准且检测指标逐项合格率≥70%。	检查指标有不符合质量标准项或存在检测指标合格率<70%。
渠道衬砌工程	检查指标符合质量标准且检测指标逐项合格率≥95%。	检查指标符合质量标准且检测指标逐项合格率≥75%。	检查指标有不符合质量标准项或存在检测指标合格率<75%。
土石方填筑工程	检查指标符合质量标准且检测指标逐项合格率≥90%，其中压实度全部符合设计要求。	检查指标符合质量标准且检测指标逐项合格率≥70%，其中压实度全部符合设计要求。	检查指标有不符合质量标准项或存在检测指标合格率<70%，或压实度不符合设计要求。

第四章　考核及奖惩

第十七条　施工单位按照第十六条和附件 2 对关键工序施工作业班组和初检、复检、终检人员进行考核，参照附件 3 和表 5 对相关人员实施奖惩。

表 5　施工作业班组和初检、复检、终检人员考核奖惩标准表

考核对象	奖惩标准		
	考核等级为"好"	考核等级为"中"	考核等级为"差"
关键工序施工作业班组	责成施工单位实施奖励	不奖不罚	责成施工单位实施处罚
初检、复检、终检人员	责成施工单位按相应施工作业班组考核奖励额度的 10% 实施奖励	不奖不罚	责成施工单位按相应工序考核处罚额度的 8% 实施处罚

第十八条　监理单位负责每月对不少于 80% 的关键工序进行考核，每次参加考核人员应不少于 2 人。

监理单位按照如下要求开展考核工作。

（一）监理单位需派出专职人员，通过旁站、巡视等方式对关键工序施工过程进行控制。具体要求见表6。

表6　关键工序施工过程控制检查要求表

考核工程	关键工序	检查要求	备注
建筑物混凝土工程	钢筋制安施工	巡视	
	模板（含止水）安装施工	巡视	其中：止水安装旁站
	浇筑振捣施工	旁站	
	施工缝凿毛	成果验收	
	混凝土养护	巡视	
	预应力张拉及灌浆	旁站	
渠道衬砌工程	透水管安装施工	旁站	该项目如实施四方联合验收，可不旁站
	逆止阀安装施工	旁站	该项目如实施四方联合验收，可不旁站
	土工膜焊接施工	旁站	该项目如实施四方联合验收，可不旁站
	混凝土浇筑及收面	旁站	
	混凝土养护	巡视	
	切缝	成果验收	
	嵌缝	巡视	
土石方填筑工程	填方渠道（堤）填筑	成果验收	其中：高填方、缺口回填的铺料施工、碾压、层间面结合处理需要旁站。
	改性土换填	成果验收	其中：铺料施工、碾压、层间面结合处理需要旁站。
	穿渠（堤）建筑物周边回填	成果验收	其中：穿渠建筑物周边回填、主干渠建筑物进出口翼墙回填、桥梁墩柱周边回填的铺料施工、碾压、层间面结合处理、泥浆涂刷施工需要旁站；泵站、船闸、建筑物周边回填的泥浆涂刷施工需要旁站。

（二）施工单位完成关键工序"三检制"验收并考核后，提请监理单位按照第十六条和附件2进行考核，按照附件3和表5确定奖惩标准。在规定的时限内整改后考核等级仍为"差"的，责成施工单位继续实施处罚，直至考核达标。

（三）监理单位须填写关键工序考核记录表和奖罚通知书（详见附件4和附件5-1），交由施工单位按照本办法实施奖惩。关键工序考核记录表须经施工单位的现场质检人员签字。奖罚通知书一式四份，由监理单位分送施工作业班组、施工单位、建设管理单位。

（四）监理单位每月检查施工单位实施关键工序考核奖惩情况。施工单位未按监理单位考核结果实施奖惩的，监理单位将具体事项及未执行奖罚款额上报建设管理单位，建设管理单位按未执行奖罚总金额的120%从施工单位下月工程结算款中扣留，将其中的原奖励金额交由施工单位用于上月关键工序考核相关人员的奖励，监理单位对其进行监督。

（五）施工单位对监理单位的考核结果有异议的，可向建设管理单位申诉，建设管理单位最终裁定监理单位的考核结果。

（六）监理单位对关键工序的考核与施工单位的考核不重复实施奖励，具体措施由施工单位确定。

第十九条　建设管理单位负责每月对不少于30%的关键工序进行考核。

（一）对施工单位的考核

1. 建设管理单位按照第十六条、附件2和表5对关键工序施工作业班组和初检、复检、终检人员进行考核，依据考核结果填写关键工序考核记录表和奖罚通知书（详见附件4和附件5-1），奖罚通知书一式四份，分送施工作业班组、施工单位、监理单位。

2. 建设管理单位按月对施工单位质量管理负责人、项目经理进行考核，依据考核结果填写奖罚通知书（详见附件5-2和附件5-3），实施奖惩。具体奖惩标准见表7。

表7　施工单位质量管理负责人及项目经理考核奖惩标准表

考核对象	奖惩标准		
质量管理负责人	当月90%（含）以上关键工序考核等级为"好"时，给予质量管理负责人、项目经理奖励共计2400元；	当月考核等级为"好"的关键工序所占比例≥80%、<90%时，不奖不罚；	当月考核等级为"好"的关键工序所占比例<80%时，给予质量管理负责人和项目经理罚款共计2000元。
项目经理			

注：施工单位质量管理负责人、项目经理的奖金、罚款分配由施工单位确定。

3. 对施工单位的考核奖励资金由建设管理单位负责筹措，罚款由建设管理单位从施工单位下月工程结算款中扣留。

（二）对监理单位的考核

1. 建设管理单位每月依据对施工作业班组的考核结果连带考核监理单位，填写奖罚通知书（详见附件5-4和附件5-5），并对监理单位相关人员实施奖惩。具体奖惩标准见表8。

表8　监理单位相关人员考核奖惩标准表

考核对象	奖励	不奖不罚	处罚
	考核等级为"好"和"中"所占的比例	考核等级为"好"和"中"所占的比例	考核等级为"好"和"中"所占的比例
现场监理工程师	≥98%，给予现场监理工程师奖励600元	<98%，≥80%	<80%，给予现场监理工程师罚款500元
质量管理负责人	≥98%，给予质量管理负责人、总监理工程师奖励共计1200元	<98%，≥80%	<80%，给予质量管理负责人、总监理工程师罚款共计1000元
总监理工程师			

注：监理单位质量管理负责人、总监理工程师的奖金、罚款分配由监理单位确定。

2. 监理单位未按照第十八条（一）款要求实施旁站监理、未完成重要施工程序检查的，不给予奖励。建设管理单位要按有关规定对监理单位和当事监理工程师实施责任追究。

3. 对监理单位的考核奖励资金由建设管理单位负责筹措，罚款由建设管理单位从监理单位下月结算款中扣留。

第二十条 项目法人（含有关省级建设管理单位）每月负责对不低于10%的关键工序进行考核。全年应对施工、监理标段全部实施考核。

（一）项目法人（含有关省级建设管理单位）按照第十六条、附件2和表5按月组织对关键工序施工作业班组和初检、复检、终检人员进行考核，填写关键工序考核记录表和奖罚通知书（详见附件4和附件5-1），按照表7对施工单位质量管理负责人、项目经理进行考核，填写奖罚通知书（详见附件5-2和附件5-3），交由建设管理单位负责实施奖惩；施工单位连续三个月90%（含）以上的关键工序考核等级为"好"时，给予施工单位10万元奖励。

（二）项目法人（含有关省级建设管理单位）每月按照表8对监理单位进行考核，填写奖罚通知书（详见附件5-4和附件5-5）并实施奖惩；监理单位连续三个月98%（含）以上的关键工序考核等级为"好"和"中"时，给予监理单位5万元奖励。

（三）项目法人（含有关省级建设管理单位）按季度对建设管理单位相关人员进行考核，填写奖罚通知书（详见附件5-6）并实施奖惩。具体奖惩标准见表9。

表9 建设管理单位相关人员考核奖惩标准表

类别	考核情况	处罚及奖励方式
奖励	考核等级为"好"和"中"所占的比例≥98%	奖励参加考核人员和质量管理负责人600元/人·季
处罚	考核等级为"好"和"中"所占的比例>80%且≤90%	批评质量管理负责人
	考核等级为"好"和"中"所占的比例>70%且≤80%	对参加考核人员和质量管理负责人罚款150元/人·季
	考核等级为"好"和"中"所占的比例>60%且≤70%	对参加考核人员和质量管理负责人罚款300元/人·季
	考核等级为"好"和"中"所占的比例≤60%	对参加考核人员和质量管理负责人罚款500元/人·季

第二十一条 国务院南水北调办以抽查方式对关键工序施工质量进行考核。按照第十六条、附件2和表5对施工作业班组和初检、复检、终检人员进行考核，填写关键工序考核记录表和奖罚通知书（详见附件4和附件5-1）；按照表7按月对施工单位质量管理负责人、项目经理进行考核，填写奖罚通知书（详见附件5-2和附件5-3）；按照表8按月对监理单位现场监理工程师、质量管理负责人和总监理工程师进行考核，填写奖罚通知书（详见附件5-4和附件5-5），按照表9按季度对建设管理单位参加考核人员、质量管理负责人进行考核，填写奖罚通知书（详见附件5-6），责成项目法人（含有关省级建设管理单位）实施奖惩。

国务院南水北调办每季度统计汇总考核结果，对项目法人（含有关省级建设管理单位）进行考核，填写奖罚通知书（详见附件5-7），实施奖惩。具体奖惩标准见表10。

表10　项目法人（含有关省级建设管理单位）奖惩标准表

奖惩措施	考核标准
表扬	完成季度考核工作量，抽查项目季度"好"和"中"所占的比例≥90%
不奖不罚	完成季度考核工作量，抽查项目季度"好"和"中"所占的比例≥70%且<90%
批评项目法人（含有关省级建设管理单位）；建议项目法人（含有关省级建设管理单位）对相关责任人诫勉谈话	完成季度考核工作量，抽查项目季度"好"和"中"所占的比例≥70%且<80%
同上，建议给予相关质量管理负责人通报批评	未完成季度考核工作量，抽查项目季度"好"和"中"所占的比例<70%

第二十二条 国务院南水北调办、项目法人（含有关省级建设管理单位）、建设管理单位抽查关键工序的考核指标，按照附件2带有标识的指标执行，并对关键工序施工质量做出评价。

第二十三条 国务院南水北调办、项目法人（含有关省级建设管理单位）在检查、抽查关键工序考核工作中，发现有关单位的考核结果与实际情况不符时，有权撤消考核结果，追回奖励资金，并根据有关规定对相关人员进行责任追究。

第五章　奖励资金来源及奖罚兑现

第二十四条　施工单位实施关键工序考核的奖励资金由施工单位自行筹集。监理单位对施工单位考核确定的奖罚由监理单位通知施工单位实施，奖励资金由施工单位负责筹集。

第二十五条　项目法人（含有关省级建设管理单位）、建设管理单位实施关键工序考核的奖励资金从工程投资节余中支出。

项目法人（含有关省级建设管理单位）可综合平衡关键工序考核奖励资金和罚款的支出和收缴情况，罚款可用于奖励。

第二十六条　国务院南水北调办组织考核确定的奖罚由项目法人（含有关省级建设管理单位）负责实施。

第二十七条　项目法人（含有关省级建设管理单位）、建设管理单位遵循以下原则制定关键工序考核奖惩工作方案：

（一）发出奖励通知单后，应于当月及时兑现奖金；关键工序质量考核等级确定为"差"的，应在5日内通知施工单位和关键工序作业班组，罚款由建设管理单位从当月工程结算款中扣留。

（二）奖金要兑现到被奖励的有关单位具体人员。

（三）奖罚资金管理要符合财务管理有关规定，任何单位或个人不得挪用关键工序奖罚资金。

第六章　附　　则

第二十八条　本办法由国务院南水北调办负责解释。
第二十九条　本办法自颁布之日起施行。

公路工程造价管理暂行办法

中华人民共和国交通运输部令

2016 年第 67 号

《公路工程造价管理暂行办法》已于 2016 年 8 月 31 日经第 19 次部务会议通过，现予公布，自 2016 年 11 月 1 日起施行。

交通运输部部长

2016 年 9 月 2 日

第一章 总 则

第一条 为加强公路工程造价管理，规范造价行为，合理控制建设成本，保障公路工程质量和安全，根据《中华人民共和国公路法》等法律、行政法规，制定本办法。

第二条 在中华人民共和国境内的公路新建、改建、扩建工程（以下统称公路工程）的造价活动，适用本办法。

本办法所称公路工程造价活动，是指公路工程建设项目从筹建到竣工验收交付使用所需全部费用的确定与控制，包括投资估算、设计概算、施工图预算、标底或者最高投标限价、合同价、变更费用、竣工决算等费用的确定与控制。

第三条 公路工程造价活动应当遵循客观科学、公平合理、诚实信用、厉行节约的原则。

第四条 交通运输部负责全国公路工程造价的监督管理。

省级交通运输主管部门负责本行政区域内公路工程造价的监督管理。

第二章 造价依据

第五条 交通运输部制定公路工程造价依据。省级交通运输主管部门可以根据交通运输部发布的公路工程造价依据，结合本地实际，组织制定补充性造价依据。

前款所称造价依据，是指用于编制各阶段造价文件所依据的办法、规则、定额、费用标准、造价指标以及其他相关的计价标准。

第六条 交通运输部对通用性强、技术成熟的建设工艺，编制统一的公路工程定额。

省级交通运输主管部门对公路工程定额中缺项的，或者地域性强且技术成熟的建设工艺，可以编制补充性定额规定。

第七条 对交通运输主管部门制定的公路工程造价依据中未涵盖但公路工程需要的造价依据，公路工程建设单位应当根据该工程施工工艺要求等因素组织开展成本分析。

第八条 交通运输主管部门应当及时组织造价依据的编制和修订工作，促进造价依据与公路技术进步相适应。公路工程建设、勘察设计、监理、施工、造价咨询等单位应当给予支持和配合。

第九条 编制造价文件使用的造价软件，应当符合公路工程造价依据，满足造价文件编制需要。

第三章 造价确定和控制

第十条 公路工程造价应当针对公路工程建设的不同阶段，根据项目的建设方案、工程规模、质量和安全等建设目标，结合建设条件等因素，按照相应的造价依据进行合理确定和有效控制。

第十一条 建设单位承担公路工程造价控制的主体责任，在设计、施工等过程中，履行以下职责，接受交通运输主管部门的监督检查：

（一）严格履行基本建设程序，负责组织项目投资估算、设计概算、施工图预算、标底或者最高投标限价、变更费用、工程结算、竣工决算的编制；

（二）对造价进行全过程管理和控制，建立公路工程造价管理台账，实现设计概算控制目标；

（三）负责公路工程造价信息的收集、分析和报送；

（四）依法应当履行的其他职责。

第十二条 勘察设计单位应当综合分析项目建设条件，结合项目使用功能，注重设计方案的技术经济比选，充分考虑工程质量、施工安全和运营养护需要，科学确定设计方案，合理计算工程造价。

勘察设计单位应当对其编制的造价文件的质量负责，做好前后阶段的造价对比，重点加强对设计概算超投资估算、施工图预算超设计概算等的预控。

第十三条 施工单位应当按照合同约定，编制工程计量与支付、工程结算等造价文件。

第十四条 从事公路工程造价活动的人员应当具备相应的专业技术技能。鼓励从事公路工程造价活动的人员参加继续教育，不断提升职业素质。

从事公路工程造价活动的人员应当对其编制的造价文件的质量和真实性负责。

第十五条 公路工程建设项目立项阶段，投资估算应当按照《公路工程基本建设项目投资估算编制办法》等规定编制。

第十六条 公路工程建设项目设计阶段，设计概算和施工图预算应当按照《公路工程基本建设项目概算预算编制办法》等规定编制。

初步设计概算的静态投资部分不得超过经审批或者核准的投资估算的静态投资部分的 110%。

施工图预算不得超过经批准的初步设计概算。

第十七条 公路工程建设项目实行招标的，应当在招标文件中载明工程计量计价事项。

设有标底或者最高投标限价的，标底或者最高投标限价应当根据造价依据并结合市场因素进行编制，并不得超出经批准的设计概算或者施工图预算对应部分。建设单位应当进行标底或者最高投标限价与设计概算或者施工图预算的对比分析，合理控制建设项目造价。

投标报价由投标人根据市场及企业经营状况编制，不得低于工程成本。

第十八条 国家重点公路工程项目和省级人民政府相关部门批准初步设计的公路工程项目的建设单位应当在施工阶段，将施工合同的工程量清单报省级交通运输主管部门备案。

第十九条 勘察设计单位应当保证承担的公路工程建设项目符合国家规定的勘察设计深度要求和勘察设计质量，避免因设计变更发生费用变更。发生设计变更的，建设单位按照有关规定完成审批程序后，合理确定变更费用。

第二十条 在公路工程建设项目建设期内，建设单位应当根据年度工程计划及时编制该项目年度费用预算，并根据工程进度及时编制工程造价管理台账，对工程投资执行情况与经批准的设计概算或者施工图预算进行对比分析。

第二十一条 由于价格上涨、定额调整、征地拆迁、贷款利率调整等因素需要调整设计概算的，应当向原初步设计审批部门申请调整概算。原初步设计审批部门应当进行审查。

未经批准擅自增加建设内容、扩大建设规模、提高建设标准、改变设计方案等造成超概算的，不予调整设计概算。

由于地质条件发生重大变化、设计方案变更等因素造成的设计概算调整，实际投资调增幅度超过静态投资估算 10% 的，应当报项目可行性研究报告审批或者核准部门调整投资估算后，再由原初步设计审批部门审查调整设计概算；实际投资调增幅度不超过静态投资估算 10% 的，由原初步设计审批部门直接审查调整设计概算。

第二十二条　公路工程建设项目竣工验收前，建设单位应当编制竣工决算报告及公路工程建设项目造价执行情况报告。审计部门对竣工决算报告提出审计意见和调整要求的，建设单位应当按照要求对竣工决算报告进行调整。

第四章　监督管理

第二十三条　交通运输主管部门应当按照职责权限加强对公路工程造价活动的监督检查。被监督检查的单位和人员应当予以配合，不得妨碍和阻挠依法进行的监督检查活动。

第二十四条　公路工程造价监督检查主要包括以下内容：

（一）相关单位对公路工程造价管理法律、法规、规章、制度以及公路工程造价依据的执行情况；

（二）各阶段造价文件编制、审查、审批、备案以及对批复意见的落实情况；

（三）建设单位工程造价管理台账和计量支付制度的建立与执行、造价全过程管理与控制情况；

（四）设计变更原因及费用变更情况；

（五）建设单位对项目造价信息的收集、分析及报送情况；

（六）从事公路工程造价活动的单位和人员的信用情况；

（七）其他相关事项。

第二十五条　省级以上交通运输主管部门组织对从事公路工程造价活动的人员和造价咨询企业的信用情况进行监管，纳入统一的公路建设市场监管体系。

第二十六条　交通运输主管部门应当按照国家有关规定，及时公开公路工程造价相关信息，并接受社会监督。

交通运输部建立公路工程造价信息化标准体系，建立部级公路工程造价信息平台。

省级交通运输主管部门建立省级公路工程造价信息平台，并与部级公路工程造价信息平台实现互联互通和信息共享。

公路工程造价信息公开应当严格审核，遵守信息安全管理规定，不得侵犯相关单位和个人的合法权益。

第二十七条 交通运输主管部门应当对公路工程造价信息及公路工程建设项目造价执行情况进行动态跟踪、分析评估，为造价依据调整和造价监督提供支撑。

第二十八条 交通运输主管部门应当将监督检查活动中发现的问题及时向相关单位和人员通报，责令其限期整改。监督检查结果应当纳入公路建设市场监管体系。

第五章　附　则

第二十九条 公路养护工程可以根据作业类别和规模参照本办法执行。

第三十条 本办法自 2016 年 11 月 1 日起施行。

公路水运工程试验检测管理办法

中华人民共和国交通运输部令

2016 年第 80 号

《交通运输部关于修改〈公路水运工程试验检测管理办法〉的决定》已于 2016 年 12 月 8 日经第 29 次部务会议通过,现予公布。

交通运输部部长

2016 年 12 月 10 日

(2005 年 10 月 19 日交通部发布;根据 2016 年 12 月 10 日交通运输部《关于修改〈公路水运工程试验检测管理办法〉的决定》修正)

第一章 总 则

第一条 为规范公路水运工程试验检测活动,保证公路水运工程质量及人民生命和财产安全,根据《建设工程质量管理条例》,制定本办法。

第二条 从事公路水运工程试验检测活动,应当遵守本办法。

第三条 本办法所称公路水运工程试验检测,是指根据国家有关法律、法规的规定，依据工程建设技术标准、规范、规程，对公路水运工程所用材料、构件、工程制品、工程实体的质量和技术指标等进行的试验检测活动。

本办法所称公路水运工程试验检测机构（以下简称检测机构），是指承担公路水运工程试验检测业务并对试验检测结果承担责任的机构。

本办法所称公路水运工程试验检测人员（以下简称检测人员），是指具备相应公路水运工程试验检测知识、能力，并承担相应公路水运工程试验检测业务的专业技术人员。

第四条　公路水运工程试验检测活动应当遵循科学、客观、严谨、公正的原则。

第五条　交通运输部负责公路水运工程试验检测活动的统一监督管理。交通运输部工程质量监督机构（以下简称部质量监督机构）具体实施公路水运工程试验检测活动的监督管理。

省级人民政府交通运输主管部门负责本行政区域内公路水运工程试验检测活动的监督管理。省级交通质量监督机构（以下简称省级交通质监机构）具体实施本行政区域内公路水运工程试验检测活动的监督管理。

部质量监督机构和省级交通质监机构以下称质监机构。

第二章　检测机构等级评定

第六条　检测机构等级，是依据检测机构的公路水运工程试验检测水平、主要试验检测仪器设备及检测人员的配备情况、试验检测环境等基本条件对检测机构进行的能力划分。

检测机构等级，分为公路工程和水运工程专业。

公路工程专业分为综合类和专项类。公路工程综合类设甲、乙、丙3个等级。公路工程专项类分为交通工程和桥梁隧道工程。

水运工程专业分为材料类和结构类。水运工程材料类设甲、乙、丙3个等级。水运工程结构类设甲、乙2个等级。

检测机构等级标准由部质量监督机构另行制定。

第七条 部质量监督机构负责公路工程综合类甲级、公路工程专项类和水运工程材料类及结构类甲级的等级评定工作。

省级交通质监机构负责公路工程综合类乙、丙级和水运工程材料类乙、丙级、水运工程结构类乙级的等级评定工作。

第八条 检测机构可以同时申请不同专业、不同类别的等级。

检测机构被评为丙级、乙级后须满1年且具有相应的试验检测业绩方可申报上一等级的评定。

第九条 申请公路水运工程试验检测机构等级评定，应向所在地省级交通质监机构提交以下材料：

（一）《公路水运工程试验检测机构等级评定申请书》；

（二）申请人法人证书原件及复印件；

（三）通过计量认证的，应当提交计量认证证书副本的原件及复印件；

（四）检测人员证书和聘（任）用关系证明文件原件及复印件；

（五）所申报试验检测项目的典型报告（包括模拟报告）及业绩证明；

（六）质量保证体系文件。

第十条 公路水运工程试验检测机构等级评定工作分为受理、初审、现场评审3个阶段。

第十一条 省级交通质监机构认为所提交的申请材料齐备、规范、符合规定要求的，应当予以受理；材料不符合规定要求的，应当及时退还申请人，并说明理由。

所申请的等级属于部质量监督机构评定范围的，省级交通质监机构核查后出具核查意见并转送部质量监督机构。

第十二条 初审主要包括以下内容：

（一）试验检测水平、人员及检测环境等条件是否与所申请的等级标准相符；

（二）申报的试验检测项目范围及设备配备与所申请的等级是

否相符；

（三）采用的试验检测标准、规范和规程是否合法有效；

（四）检定和校准是否按规定进行；

（五）质量保证体系是否具有可操作性；

（六）是否具有良好的试验检测业绩。

第十三条 初审合格的进入现场评审阶段；初审认为有需要补正的，质监机构应当通知申请人予以补正直至合格；初审不合格的，质监机构应当及时退还申请材料，并说明理由。

第十四条 现场评审是通过对申请人完成试验检测项目的实际能力、检测机构申报材料与实际状况的符合性、质量保证体系和运转等情况的全面核查。

现场评审所抽查的试验检测项目，原则上应当覆盖申请人所申请的试验检测各大项目。抽取的具体参数应当通过抽签方式确定。

第十五条 现场评审由专家评审组进行。

专家评审组由质监机构组建，3 人以上单数组成（含 3 人）。评审专家从质监机构建立的试验检测专家库中选取，与申请人有利害关系的不得进入专家评审组。

专家评审组应当独立、公正地开展评审工作。专家评审组成员应当客观、公正地履行职责，遵守职业道德，并对所提出的评审意见承担个人责任。

第十六条 专家评审组应当向质监机构出具《现场评审报告》，主要内容包括：

（一）现场考核评审意见；

（二）公路水运工程试验检测机构等级评分表；

（三）现场操作考核项目一览表；

（四）两份典型试验检测报告。

第十七条 质监机构依据《现场评审报告》及检测机构等级标准对申请人进行等级评定。

质监机构的评定结果，应当通过交通运输主管部门指定的报刊、信息网络等媒体向社会公示，公示期不得少于 7 天。

公示期内，任何单位和个人有权就评定结果向质监机构提出异议，质监机构应当及时受理、核实和处理。

公示期满无异议或者经核实异议不成立的，由质监机构根据评定结果向申请人颁发《公路水运工程试验检测机构等级证书》（以下简称《等级证书》）；经核实异议成立的，应当书面通知申请人，并说明理由，同时应当为异议人保密。

省级交通质监机构颁发证书的同时应当报部质量监督机构备案。

第十八条 《公路水运工程试验检测机构等级评定申请书》和《等级证书》由部质量监督机构统一规定格式。

《等级证书》应当注明检测机构从事公路水运工程试验检测的专业、类别、等级和项目范围。

第十九条 《等级证书》有效期为 5 年。

《等级证书》期满后拟继续开展公路水运工程试验检测业务的，检测机构应提前 3 个月向原发证机构提出换证申请。

第二十条 换证的申请、复核程序按照本办法规定的等级评定程序进行，并可以适当简化。在申请等级评定时已经提交过且未发生变化的材料可以不再重复提交。

第二十一条 换证复核以书面审查为主。必要时，可以组织专家进行现场评审。

换证复核的重点是核查检测机构人员、仪器设备、试验检测项目、场所的变动情况，试验检测工作的开展情况，质量保证体系文件的执行情况，违规与投诉情况等。

第二十二条 换证复核合格的，予以换发新的《等级证书》。不合格的，质监机构应当责令其在 6 个月内进行整改，整改期内不得承担质量评定和工程验收的试验检测业务。整改期满仍不能达到规定条件的，质监机构根据实际达到的试验检测能力条件重新作出评定，或者注销《等级证书》。

换证复核结果应当向社会公布。

第二十三条　检测机构名称、地址、法定代表人或者机构负责人、技术负责人等发生变更的，应当自变更之日起 30 日内到原发证质监机构办理变更登记手续。

第二十四条　检测机构停业时，应当自停业之日起 15 日内向原发证质监机构办理《等级证书》注销手续。

第二十五条　等级评定不得收费，有关具体事务性工作可以通过政府购买服务等方式实施。

第二十六条　《等级证书》遗失或者污损的，可以向原发证质监机构申请补发。

第二十七条　任何单位和个人不得伪造、涂改、转让、租借《等级证书》。

第三章　试验检测活动

第二十八条　取得《等级证书》，同时按照《计量法》的要求经过计量行政部门考核合格，通过计量认证的检测机构，可向社会提供试验检测服务。

取得《等级证书》的检测机构在《等级证书》注明的项目范围内出具的试验检测报告，可以作为公路水运工程质量评定和工程验收的依据。

第二十九条　公路水运工程质量事故鉴定、大型水运工程项目和高速公路项目验收的质量鉴定检测，质监机构应当委托通过计量认证并具有甲级或者相应专项能力等级的检测机构承担。

第三十条　取得《等级证书》的检测机构，可设立工地临时试验室，承担相应公路水运工程的试验检测业务，并对其试验检测结果承担责任。

工程所在地省级交通质监机构应当对工地临时试验室进行监督。

第三十一条　检测机构应当严格按照现行有效的国家和行业标准、规范和规程独立开展检测工作，不受任何干扰和影响，保证试验检测数据客观、公正、准确。

　　第三十二条　检测机构应当建立严密、完善、运行有效的质量保证体系。应当按照有关规定对仪器设备进行正常维护，定期检定与校准。

　　第三十三条　检测机构应当建立样品管理制度，提倡盲样管理。

　　第三十四条　检测机构应当重视科技进步，及时更新试验检测仪器设备，不断提高业务水平。

　　第三十五条　检测机构应当建立健全档案制度，保证档案齐备，原始记录和试验检测报告内容必须清晰、完整、规范。

　　第三十六条　检测机构在同一公路水运工程项目标段中不得同时接受业主、监理、施工等多方的试验检测委托。

　　第三十七条　检测机构依据合同承担公路水运工程试验检测业务，不得转包、违规分包。

　　第三十八条　检测人员分为试验检测师和助理试验检测师。

　　检测机构的技术负责人应当由试验检测师担任。

　　试验检测报告应当由试验检测师审核、签发。

　　第三十九条　检测人员应当重视知识更新，不断提高试验检测业务水平。

　　第四十条　检测人员应当严守职业道德和工作程序，独立开展检测工作，保证试验检测数据科学、客观、公正，并对试验检测结果承担法律责任。

　　第四十一条　检测人员不得同时受聘于两家以上检测机构，不得借工作之便推销建设材料、构配件和设备。

第四章　监督检查

　　第四十二条　质监机构应当建立健全公路水运工程试验检测活动监督检查制度，对检测机构进行定期或不定期的监督检查，及时纠正、查处违反本规定的行为。

第四十三条 公路水运工程试验检测监督检查，主要包括下列内容：

（一）《等级证书》使用的规范性，有无转包、违规分包、超范围承揽业务和涂改、租借《等级证书》的行为；

（二）检测机构能力变化与评定的能力等级的符合性；

（三）原始记录、试验检测报告的真实性、规范性和完整性；

（四）采用的技术标准、规范和规程是否合法有效，样品的管理是否符合要求；

（五）仪器设备的运行、检定和校准情况；

（六）质量保证体系运行的有效性；

（七）检测机构和检测人员试验检测活动的规范性、合法性和真实性；

（八）依据职责应当监督检查的其他内容。

第四十四条 质监机构实施监督检查时，有权采取以下措施：

（一）查阅、记录、录音、录像、照相和复制与检查相关的事项和资料；

（二）进入检测机构的工作场地（包括施工现场）进行抽查；

（三）发现有不符合国家有关标准、规范、规程和本办法规定的试验检测行为时，责令即时改正或限期整改。

第四十五条 质监机构应当组织比对试验，验证检测机构的能力。

部质量监督机构不定期开展全国检测机构的比对试验。各省级交通质监机构每年年初应当制定本行政区域检测机构年度比对试验计划，报部质量监督机构备案，并于年末将比对试验的实施情况报部质量监督机构。

检测机构应当予以配合，如实说明情况和提供相关资料。

第四十六条 任何单位和个人都有权向质监机构投诉或举报违法违规的试验检测行为。

质监机构的监督检查活动，应当接受交通运输主管部门和社会公众的监督。

第四十七条 质监机构在监督检查中发现检测机构有违反本规定行为的，应当予以警告、限期整改，情节严重的列入违规记录并予以公示，质监机构不再委托其承担检测业务。

实际能力已达不到《等级证书》能力等级的检测机构，质监机构应当给予整改期限。整改期满仍达不到规定条件的，质监机构应当视情况注销《等级证书》或者重新评定检测机构等级。重新评定的等级低于原来评定等级的，检测机构1年内不得申报升级。被注销等级的检测机构，2年内不得再次申报。

质监机构应当及时向社会公布监督检查的结果。

第四十八条 质监机构在监督检查中发现检测人员违反本办法的规定，出具虚假试验检测数据或报告的，应当给予警告，情节严重的列入违规记录并予以公示。

第四十九条 质监机构工作人员在试验检测管理活动中，玩忽职守、徇私舞弊、滥用职权的，应当依法给予行政处分。

第五章　附　则

第五十条 本办法施行前检测机构通过的资质评审，期满复核时应当按照本办法的规定进行《等级证书》的评定。

第五十一条 本办法自2005年12月1日起施行。交通部1997年12月10日公布的《水运工程试验检测暂行规定》（交基发〔1997〕803号）和2002年6月26日公布的《交通部水运工程试验检测机构资质管理办法》（交通部令2002年第4号）同时废止。

县际及农村公路改造工程管理办法

国家计委、交通部关于印发

《县际及农村公路改造工程管理办法》

的通知

计基础〔2003〕410号

各省、自治区、直辖市、新疆生产建设兵团计委，交通厅（局）：

为加强县际及农村公路改造工程管理，确保工程质量，按期完成建设任务，保障国家建设资金的安全、有效使用，国家计委和交通部联合制定了《县际及农村公路改造工程管理办法》，现印发给你们，请认真贯彻执行。

中华人民共和国国家发展计划委员会

中华人民共和国交通部

二〇〇三年三月十四日

第一章 总 则

第一条 为加强县际及农村公路改造工程的管理，确保工程质量，按期完成建设任务，保障国家建设资金的安全、有效使用，依据国家相关法律、法规、规章和政策，特制定本办法。

第二条　本办法所涉及的县际及农村公路改造工程，是指纳入2003年至2005年县际及农村公路改造专项之内，使用中央专项基金和国债资金建设的项目。

县际公路一般是指连接相邻县与县之间的公路，包括经济干线、口岸公路和省际间公路。

农村公路一般是指通乡（镇）、通行政村的公路。通乡（镇）公路是指县城通达乡（镇）、以及连接乡（镇）与乡（镇）之间的公路。通行政村公路是指由乡（镇）通达行政村的公路。

第三条　县际及农村公路改造工程应遵循分级、分类管理，权责一致的原则，认真执行项目法人制、招投标制、工程监理制和合同管理制。

第四条　县际及农村公路改造工程的行政管理部门，项目法人、勘察设计、施工、监理等单位均要执行本办法，并承担相应的责任。

第二章　组织机构

第五条　国家成立县际及农村公路改造工程领导小组，负责决定、协调和解决重大问题。领导小组下设县际及农村公路改造工程办公室，办公室设在交通部，承担具体事务，主要职责是：指导县际及农村公路改造工程日常管理工作，制定建设工程技术政策，协调处理建设过程中的重大事项，监督工程进度、工程质量、施工安全和资金使用，总结交流经验，收集、整理和反馈建设信息。

各省、自治区、直辖市、新疆生产建设兵团也要设立相应的县际及农村公路改造工程管理机构，履行本地区与国家县际及农村公路改造工程管理机构相同的职责。

第六条　各省、自治区、直辖市、新疆生产建设兵团计委负责本地区县际及农村公路改造工程总体协调、前期工作管理、计划衔接和配套资金的落实。

第七条　各省、自治区、直辖市、新疆生产建设兵团交通厅（局、委）负责本地区县际及农村公路改造工程项目的组织实施和工程管理。

第八条　县及县以上人民政府交通主管部门或县及县以上人民政府批准（认可）的机构为县际及农村公路改造工程的项目业主，具体可根据情况由各省、自治区、直辖市确定。项目业主负责工程计划的实施和项目管理。

第三章　计划及前期工作管理

第九条　各省、自治区、直辖市、新疆生产建设兵团计委会同交通部门，根据国家总体要求和本地区的实际，编制本地区县际及农村公路改造工程 2003 年至 2005 年三年建设方案和年度计划，报国家计委和交通部。

国家计委会同交通部，对各地区上报的县际及农村公路改造工程项目建设方案和年度计划审核后，下达年度投资计划。

第十条　列入县际及农村公路改造工程三年建设方案的项目视同国家已批准立项，可不再审批项目建议书。

第十一条　东部、中部地区农村公路的可行性研究报告（或建设方案）由省、直辖市交通主管部门提出审查意见，省、直辖市计委可按地区进行一揽子审批（抄国家计委和交通部备案）；初步设计（或施工图设计）可由各地按现行管理程序进行审批。但总投资超过 5000 万元以上的项目，其可行性研究报告和初步设计（或施工图设计）必须按现行基本建设管理程序单独报批。

第十二条　西部地区县际公路项目，其可行性研究报告和初步设计（或施工图设计）按现行基本建设管理程序进行审批。

第十三条　县际及农村公路改造工程一般应在现有道路基础上进行改造，铺筑沥青（水泥）路面，完善防护排水设施，增强晴雨通行能力。各地要遵循"因地制宜，量力而行"的原则确定本地区县际及农村公路改造工程技术标准，严格控制工程造价。

第十四条 各地上报国家的年度建设资金申请计划的项目，必须符合下列条件：

——纳入国家三年建设方案的项目；

——项目前期工作已经完成，具备开工条件；

——项目业主明确，地方配套资金已经落实。

第十五条 县际及农村公路改造工程严禁边勘察、边设计、边施工的"三边"工程。

第四章 工程组织与管理

第十六条 各地计划和交通部门要协助政府做好涉及工程建设各项政策和规定的落实，征地拆迁与施工环境的保障，以及实施全过程的组织协调等工作，确保工程顺利实施。

第十七条 各地交通部门要根据县际及农村公路改造工程所处的环境和施工特点，制定工程管理办法，加强施工管理，强化质量控制措施，确保工程质量。

第十八条 县际及农村公路改造工程项目必须按照《招标投标法》的规定，采取公开招标或邀请招标方式确定施工单位。业主单位和施工单位必须签订施工合同，依据合同规范实施行为。

严禁招投标弄虚作假和地方保护，严禁施工转包和违规分包。

第十九条 县际及农村公路改造工程要建立健全质量保证体系，工程质量必须合格，并争取达到优良标准。

第二十条 县际及农村公路改造工程实施过程中，对于沿线农民投工投劳，要严格遵照国家关于农村税费改革的有关规定执行，不得增加农民负担。

第二十一条 县际及农村公路改造工程实行工程报告制度。各地应在月后二日前将本地区工程进度情况及资金到位情况报国家县际及农村公路改造工程领导小组办公室。建设过程中出现重大问题要及时报告。

第二十二条 工程项目完工后，各地要及时组织工程竣工验收。

第五章　建设资金管理

第二十三条　各地要严格执行中央专项基金和国债资金管理有关规定，严禁截留、挤占、挪用和超范围使用项目资金。

第二十四条　国家用于县际及农村公路的中央专项基金和国债资金只能用于支付县际及农村公路改造工程款，不得用于偿还银行贷款和支付拖欠的工程款。

第二十五条　国家用于县际及农村公路改造工程的专项资金实行按项目设立专户，实行专户存储，单独建帐，单独核算。专项资金的划拨和使用要实行规范化管理，严格各项制度，防止损失浪费，提高资金使用效益。各级计划、财政、交通和审计部门要加强中央专项基金和国债使用的全过程监督。

第二十六条　各地应根据本办法制定本地县际及农村公路改造工程管理的实施细则。

附　录

农村公路改造工程管理办法

国家发展改革委、交通部关于印发
《农村公路改造工程管理办法》的通知
发改交运〔2005〕1829 号

各省、自治区、直辖市、新疆生产建设兵团发展改革委、
交通厅（局、委）：

为加强农村公路改造工程管理，确保工程质量，按期完成建设任务，保障国家建设资金的安全、有效使用，国家发展改革委和交通部联合制定了《农村公路改造工程管理办法》，现印发给你们，请认真贯彻执行。

国家发展改革委
中华人民共和国交通部
二〇〇五年九月二十六日

一、总则

第一条 为落实《农村公路建设规划》，按期完成 2006 年—2010 年农村公路改造工程的建设任务，依据《公路法》及国家有关法律、法规，特制定本办法。

本办法适用于经国务院审议通过的《农村公路建设规划》中"十一五"期间中央投资 1000 亿元，对通乡（镇）公路、通建制

村公路进行路面硬化改造，铺筑沥青、水泥等路面补助的项目。

通乡（镇）公路是指县城通达乡（镇）或干线公路连接乡（镇）以及连接乡（镇）与乡（镇）之间的公路。

通建制村公路是指由乡（镇）通建制村或干线公路连接建制村以及由一个或经多个建制村连接国、省、县、乡公路的公路。

第二条 农村公路改造工程实行分级、分类管理，遵循权责一致的原则，履行符合农村公路改造工程特点的建设程序。

第三条 实施农村公路改造工程的有关行政管理部门、建设单位、勘察设计、施工、监理等单位均要按照有关法律、法规承担相应责任。

二、组织机构

第四条 国家发展改革委和交通部联合成立全国农村公路改造工程领导小组，负责决定、协调和解决建设过程中的重大事项。领导小组下设全国农村公路建设办公室，办公室设在交通部，承办具体事务，其主要职责是：指导农村公路改造工程的各项工作，制定农村公路改造工程的技术政策，监督工程实施，总结交流经验，收集整理和反馈建设信息。

各省、自治区、直辖市、新疆生产建设兵团要落实相应的管理机构，履行本地区与全国农村公路改造工程领导小组及办公室相应的职责。

第五条 各省、自治区、直辖市、新疆生产建设兵团发展改革委负责本地区农村公路改造工程的前期工作、配套资金落实及协调、督促工作。

第六条 各省、自治区、直辖市、新疆生产建设兵团交通厅（局、委）负责农村公路改造工程的组织实施、工程管理和质量监督。

第七条 项目业主由各省、自治区、直辖市视具体情况自行确定。项目业主单位的主管领导为项目责任人。

三、计划及前期工作管理

第八条 各省、自治区、直辖市、新疆生产建设兵团交通主管部门与发展改革委根据各地实际共同研究、编制本地区农村公路改造工程的五年计划和年度计划，联合报送国家发展改革委和交通部。

第九条 国家发展改革委会同交通部共同审核各地区上报的农村公路改造工程计划，制定全国农村公路改造工程的五年计划和年度建设计划，下达年度建设计划。

第十条 农村公路改造工程项目的可行性研究报告由省、自治区、直辖市、新疆生产建设兵团交通主管部门提出行业审查意见发展改革委审批，抄送全国农村公路建设办公室。初步设计（或施工图设计）按现行管理规定进行审批。

第十一条 使用国债（中央预算内投资）的项目，按照《中央预算内投资补助和贴息项目管理暂行办法》（国家发展和改革委员会第31号令）管理。

第十二条 各地要遵循"因地制宜，量力而行"的原则确定本地区农村公路改造工程的技术标准，严格控制工程造价，严禁多头、重复申报建设项目。

第十三条 各地上报的要求列入国家年度投资计划的项目，必须符合下述条件：

——已纳入国家五年建设计划；

——完成项目前期工作，具备开工条件；

——建设单位和资金构成明确。

四、工程组织与管理

第十四条 各地交通主管部门和发展改革委要做好涉及工程建设各项政策和规定的落实，确保农村公路改造工程顺利进行。

第十五条 各地交通主管部门要根据实际，制定适合本地区特点的农村公路改造工程建设管理办法，加强质量监督和施工管理，确保项目建设的顺利实施。

第十六条 农村公路改造工程要实行报告制度。各地应在每月初将本地区截止上月的工程建设进度、资金到位报表以及其他有关情况报全国农村公路建设办公室。建设过程中出现的重大问题要及时报告，已下达的改造工程项目计划必须严格执行，不得擅自变更项目或减少建设规模、降低建设标准等。确需调整的，必须报原审批单位批准，并报交通部和国家发展改革委备案。

第十七条　农村公路改造工程要按照招投标法，根据农村公路特点进行招投标，规模较大的通乡镇公路改造实行"打捆招投标"。各级质监部门和有关人员要认真履行职责，依据有关规定和标准对项目的工程质量进行监督管理，确保工程质量达到合格以上。

第十八条　工程项目完工后，各地应及时组织工程验收，要根据农村公路特点分批次进行一阶段交工和验收。

五、建设资金管理

第十九条　各地要严格执行国债资金（中央预算内投资）和车购税资金管理的有关规定，专款专用，只能用于工程直接费用。任何单位和个人不得提取工程咨询、审查、管理等费用，严禁截留、挤占、挪用和超范围使用项目建设资金。

第二十条　农村公路改造工程要按项目分级设立国债（中央预算内投资）和中央专项基金专户，实行专户存储，单独建帐，单独核算。对资金的划拨和使用要实行规范化管理，严格各项制度，防止损失浪费，提高资金使用效益。要加强国债（中央预算内投资）资金、车购税资金使用的全过程监督。

第二十一条　农村公路改造工程建设项目除国家安排的资金外，地方有关部门必须安排必要的地方配套资金，并确保及时、足额到位。

六、附则

第二十二条　本办法未涉及到的有关方面，按照国家有关法律、法规及规定办理。本办法自发布之日起施行。

全国农业科技入户示范
工程管理办法（试行）

农办科〔2005〕40号

第一章　总　则

第一条　为加强全国农业科技入户示范工程（以下简称"科技入户工程"）管理，根据农业部《关于推进农业科技入户工作的意见》和国家专项资金管理的有关规定，制订本办法。

第二条　科技入户工程按照"工作措施到村、上下联动抓户"的要求，坚持统筹规划、突出重点、规范管理、注重实效、创新机制、开放运行的原则，采取政府组织、专家负责、科技人员包户的管理形式和以县为主的管理方法。

第二章　项目申报

第三条　农业部根据科技入户工程规划，每年定期发布项目申报指南。省级农业行政主管部门（包括计划单列的农机、畜牧、农垦、渔业等行业主管部门，以下同）根据项目申报指南组织项目申报。

第四条　科技入户工程以项目县（农垦分局）为实施主体。申报项目县应具备以下条件：

（一）国家优势农产品区域内的农业生产大县；

（二）当地政府高度重视农业科技推广工作；

（三）农业技术推广队伍健全，技术实力较强，具有实施科技入户工程的基础和条件。

第五条 县级农业行政主管部门按要求进行项目申报，省级农业行政主管部门负责审核，报农业部审批。

第三章 技术指导单位与技术指导员

第六条 科技入户工程的技术指导工作实行技术指导单位负责制。技术指导单位由县级农业行政主管部门在农业技术推广、科研、教学、企业、协会等单位中公开招聘产生。

第七条 技术指导单位应具备以下条件：

（一）积极支持农业科技入户工作；

（二）拥有一支专业技术水平较高、实践经验丰富的科技人员队伍；

（三）具备开展技术服务与培训条件；

（四）社会信誉良好，管理规范。

第八条 技术指导单位在县级农业行政主管部门领导下负责技术指导和技术指导员的管理工作，定期对技术指导员进行培训，参与科技入户工程绩效评价。

第九条 科技入户工程实行技术指导员包户责任制。技术指导员由技术指导单位根据科技入户工程任务面向社会公开招聘。技术指导员应具备以下条件：

（一）具有较高的农村政策理论水平和农业技术水平；

（二）熟悉农业技术推广工作，具有丰富的实践经验，在规定时间内取得农业技术指导员资格证书；

（三）具有较强的工作责任心和奉献精神；

（四）熟悉农民的基本情况和技术需求；

（五）身体健康，能承担 20 个左右科技示范户的技术指导任务。

第十条 技术指导员在技术指导单位的组织领导下，根据本县科技入户工程实施方案，结合科技示范户实际情况，制定分户技术指导方案；指导科技示范户应用、推广新技术、新品种；开展科技示范户培训，提高科技示范户学习接受能力、自我发展能力和辐射带动能力。

第四章 科技示范户

第十一条 科技示范户的遴选坚持公开、公平、公正和自愿的原则。科技示范户应具备以下条件：

（一）热爱农业，立志务农；

（二）家庭常年从事种养业劳动力在 2 人（含）以上，其中至少有 1 人文化程度在初中（含）以上；

（三）生产经营规模较大，种养水平较高；

（四）拥护党在农村的方针政策，明礼诚信，遵纪守法，群众公认，乐于帮助和带动周边农户依靠科技发展生产。

在同等条件下，优先选择农民技术员、各类科技推广项目示范户、种养大户、《绿色证书》和《跨世纪青年农民科技培训证书》获得者。对某些方面表现突出的农户，可适当放宽条件限制。

第十二条 科技示范户的遴选遵循以下程序：

（一）在遴选示范户的村公布示范户遴选条件、程序和时间；

（二）由具备相应条件的农户自愿申请；

（三）村民委员会择优推荐，经乡（镇）政府同意，在本村范围内公示 3 天后，报县级农业行政主管部门；

（四）县级农业行政主管部门在技术指导单位配合下，对上报名单进行考察、确认，并报省级农业行政主管部门备案。

第十三条 科技示范户享受以下权利：

（一）要求技术指导单位和技术指导员及时提供技术和信息咨询服务；

（二）参加技术指导单位举办的科技培训，无偿获得有关技术资料；

（三）接受技术指导员有关农业生产技术指导、服务；

（四）参与技术指导员工作绩效评价；

（五）在规定范围内享受科技入户工程物化技术补贴。

第十四条 科技示范户承担以下责任：

（一）积极参加科技培训，带头使用新技术，提高科技素质和生产水平；

（二）带动周边 20 个左右的农户，积极传授科学技术和生产经验；

（三）提供必要的科技示范条件，支持技术指导员做好技术示范推广工作；

（四）履行技术服务合同，按要求填写《科技示范户手册》，及时准确提供生产和技术指导服务的有关信息。

第五章　专家组与专家

第十五条 科技入户工程实行技术工作首席专家负责制。农业部、省级和县级农业行政主管部门分别设立科技入户工程专家组（以下简称"专家组"），专家组在同级农业行政主管部门领导下开展工作，下级专家组接受上级专家组的业务指导。

第十六条 农业部专家组负责制定年度科技入户工程相关行业领域的技术实施方案；审议全国农业主导品种和主推技术；审核省级行业技术指导方案；指导、监督、检查省级和县级专家组工作；参与科技入户工程绩效评价。

第十七条 省级和县级专家组分别负责制定本级科技入户工程实施方案，筛选本省、本县主导品种和主推技术，指导、检查、督促技术指导员开展工作，参与科技入户工程绩效评价和工作总结。省级专家组负责审核县级科技入户工程实施方案，县级专家组负责审核技术指导员分户技术指导方案。

第十八条 各级专家组按学科领域设立首席专家，首席专家在专家组的指导下，制定本行业科技入户工程的技术指导方案，参与制定科技入户工程实施方案，指导本行业科技入户工作。

第六章 组织管理

第十九条 农业部建立科技入户工作联席会议制度。联席会议负责科技入户工程的综合协调、政策研究、资金落实和督导检查。省级和县级农业行政主管部门根据农业部的统一部署，组织实施科技入户工程。

第二十条 科技入户工程实行技术合同管理。县级农业行政主管部门与技术指导单位、技术指导单位与技术指导员、技术指导员与科技示范户之间分别签订技术服务合同，明确双方的责任、权利、义务。

第二十一条 建立全国科技入户工程信息网络。农业部负责编制数据库软件、数据库；技术指导单位、技术指导员负责采集科技入户工程和科技示范户信息；县级专家组负责核实、录入；逐步实现全国科技入户工程网络化管理。

第七章 资金使用与管理

第二十二条 国家财政安排专项资金实施科技入户工程。鼓励地方匹配资金，安排工作经费，加大科技入户工程的实施力度。

第二十三条 项目资金主要用于三个方面：

（一）科技示范户补贴：用于科技示范户的示范条件和物化技术补贴。

（二）技术服务补贴：用于技术指导员开展技术服务的差旅、通讯、资料、下乡补助等。

（三）培训和项目监管补贴：用于技术指导员和科技示范户的科技培训，编印培训资料；区域内主导品种、主推技术的遴选；建立核心示范区；项目监管、调研、宣传等。

第二十四条　建立科技入户工程项目资金使用公示制度。各级农业部门均不得以任何理由挪用项目资金。科技示范户、技术指导员的任务指标、经费补助标准、补贴到位时间等信息都纳入数据库管理，并及时向社会公示，接受公众监督。项目资金管理办法另行制定。

第八章　绩效评价与监督

第二十五条　建立科技入户工程绩效评价机制。绩效评价工作按照科学、规范、公正和注重实效的原则，由省级农业行政主管部门统一组织实施，每年一次。

第二十六条　绩效评价工作以项目县为单位开展，由县级农业行政主管部门具体负责（评价内容见附表）。县级农业行政主管部门完成年度绩效评价工作后，写出绩效评价报告报省级农业行政主管部门。

第二十七条　省级农业行政主管部门对项目县绩效评价工作进行检查验收，在11月底以前向农业部提交本省科技入户工程年度绩效评价报告。

第二十八条　农业部对省级科技入户工程绩效评价结果进行抽查。

第二十九条　建立科技入户工程奖惩机制。根据各地绩效评价结果，实行项目滚动管理，对绩效不明显的项目县及时淘汰；对绩效突出的技术指导单位、专家、技术指导员、科技示范户给予表彰和奖励。

第三十条 科技入户工程接受社会监督。农业部、省级和县级农业行政主管部门对工程实施中的有关信息，除需保密外，均向社会公开。

第九章 附 则

第三十一条 本办法自发布之日起施行。

农家书屋工程建设
管理暂行办法

新闻出版总署关于印发
《农家书屋工程建设管理暂行办法》的通知
新出发〔2008〕865号

各省、自治区、直辖市新闻出版局，新疆生产建设兵团新闻出版局：

为进一步加强农村公共文化服务体系建设，规范农家书屋工程建设和管理，切实保障广大农民群众的基本文化权益，根据新闻出版总署等八部委《关于印发〈"农家书屋"工程实施意见〉的通知》精神，受中央八部委的委托，新闻出版总署制定了《农家书屋工程建设管理暂行办法》。

现将《农家书屋工程建设管理暂行办法》印发给你们，请按要求组织实施好农家书屋工程建设和管理工作。

二〇〇八年七月二十一日

第一章 总 则

第一条 为进一步加强农村公共文化服务体系建设，规范农家书屋工程建设和管理，切实保障广大农民群众的基本文化权益，根据新闻出版总署等八部委印发的《"农家书屋"工程实施意见》，制定本办法。

第二条　本办法所称农家书屋是为满足农民文化需求，建在行政村且具有一定数量的图书、报刊、电子音像制品和相应阅读、播放条件，由农民自主管理，自我服务的公益性文化场所。

第三条　农家书屋工程按照"政府组织建设，鼓励社会捐助，农民自主管理，创新机制发展"的原则组织实施。

第四条　本办法适用于政府投入和社会捐助建设的各类农家书屋。

第二章　实施部门及职责

第五条　新闻出版总署负责制定全国农家书屋工程总体建设规划和年度实施计划；制定农家书屋建设标准；会同财政部编制中央财政专项资金预算和分配方案；编制全国农家书屋必备出版物目录及出版物推荐目录；指导和协调全国农家书屋工程建设；履行监督检查职责。

第六条　省级新闻出版行政部门负责编制本地区农家书屋工程建设规划和年度实施计划；编制本地区农家书屋出版物推荐目录；负责农家书屋工程专项资金申请和使用管理；组织本地区农家书屋工程的实施及验收检查。

第七条　省级以下新闻出版行政部门根据本地区农家书屋工程实施计划，会同县、乡政府负责农家书屋工程建设和管理工作。

第三章　建设标准与要求

第八条　农家书屋的出版物由政府统一配备，每个书屋图书一般不少于1500册，品种不少于500种（含必备书目），报刊不少于

30 种，电子音像制品不少于 100 种（张），并具备满足出版物陈列、借阅、管理的基本条件。

第九条　农家书屋的房屋由当地解决，应充分利用村委会、村党组织活动场所、村文化活动中心等公共设施，不搞重复建设。目前尚无公共设施的行政村，亦可利用村级学校、村民闲置住房等农村现有设施办书屋，因地制宜，综合使用，方便群众。

第十条　各级新闻出版行政部门应加强与各有关部门的协调配合，将各级各类送书下乡项目纳入农家书屋工程建设总体规划，在保持原有名称和渠道的基础上，不断补充出版物，完善管理，实现资源共享。

第四章　实施计划申报与制定

第十一条　新闻出版总署根据财政部核定的农家书屋工程专项资金预算，下达各省（自治区、直辖市）年度农家书屋建设数量。

第十二条　省级新闻出版行政部门根据下达的年度农家书屋建设数量，组织制定本地区农家书屋工程年度实施计划。

（一）由村委会填制《农家书屋建设申报表》，当地乡（镇）政府审核同意后向县级新闻出版行政部门申报。

（二）县级新闻出版行政部门经实地考察审核，向市（地）级新闻出版行政部门推荐定点村；市（地）级新闻出版行政部门复审后，将复审意见及申报材料报省级新闻出版行政部门。

（三）省级新闻出版行政部门对复审意见及申报材料进行审查，依据本地配套资金落实情况编制本地区农家书屋工程年度实施计划，报新闻出版总署农家书屋工程建设领导小组办公室。

第十三条　新闻出版总署对各省（自治区、直辖市）实施计划和配套资金进行审核，制定全国农家书屋工程年度实施计划。

第五章　社会捐赠管理

第十四条　农家书屋工程接受境内外自然人、法人或其他组织捐赠的资金以及适合农家书屋需要的出版物和相关设备等。

第十五条　新闻出版总署委托中国光华科技基金会设立农家书屋工程发展基金，接受社会捐赠；省级新闻出版行政部门可委托有关公益性社会团体或公益性非营利的事业单位接受社会捐赠；农家书屋作为受益人，可直接接受社会捐赠。

第十六条　农家书屋工程发展基金或省级新闻出版行政部门委托的受赠单位接受捐赠后，应当向捐赠人出具合法、有效的凭据，并将捐赠财产登记造册，妥善保管。

第十七条　市、县级新闻出版行政部门可受理捐赠人向本地农家书屋捐赠的出版物和相关设备，并应进行登记备案，向捐赠人开具相关证明。新闻出版行政部门应对受赠的出版物进行审读后配送到农家书屋，设备可直接配送到农家书屋。

第十八条　鼓励捐赠人认建农家书屋，即按照农家书屋建设标准和出版物选配原则包建一个或几个农家书屋，验收合格后可在"农家书屋"统一标牌上加注援建人名或单位名称，相关资料纳入全国农家书屋工程信息管理系统。

第十九条　新闻出版总署及省级新闻出版行政部门应向社会公布捐赠的途径、程序和联系方式。

第二十条　农家书屋工程发展基金或省级新闻出版行政部门委托的受赠单位对所接受的捐赠财物进行统一管理，在新闻出版总署或省级新闻出版行政部门指导下纳入建设资金，统筹安排使用。对捐赠人指定捐赠财物用途的，应当按照捐赠人意愿使用。

第二十一条　各级新闻出版行政部门对所受理的捐赠出版物和相关设备统筹安排使用，对捐赠人指定用途的，应当按照捐赠人意愿安排使用。

第二十二条　各级新闻出版行政部门和受赠单位应建立健全社会捐赠财物的核算、使用、管理制度，做到公开透明，并接受上级主管部门和审计、监察等部门的监督。

第二十三条　政府有关部门对农家书屋工程的捐赠人要进行表彰和奖励。捐建一个以上农家书屋或捐资2万元以上，使用该捐赠建立的农家书屋可用捐赠人冠名，永久纪念；包建一个乡、一个县的农家书屋者除冠名之外，还可通报表彰或奖励。

第二十四条　省级农家书屋工程办公室应于每年2月底前将本地区上一年度农家书屋工程社会捐赠情况报送新闻出版总署农家书屋工程建设领导小组办公室备案。

第六章　出版物选配

第二十五条　农家书屋要按照科学性、实用性、经济性、通俗性的原则，根据村民的阅读需要，配备一定数量的党报党刊和适合农民阅读的政治、经济、科技、法律、卫生、文艺、文化教育、少儿类等出版物。所配出版物首先要保证必备目录规定的出版物，其余必须是全国或本省推荐目录中的出版物，超过1500册的部分可以灵活掌握。

第二十六条　全国农家书屋必备出版物目录和出版物推荐目录由新闻出版总署约请专家、学者、农民代表共同制定。省级新闻出版行政部门根据新闻出版总署制定的推荐目录，可增加适合本地实际的出版物，报经新闻出版总署备案后，作为本辖区农家书屋配备出版物的备选目录。

第二十七条　农家书屋选配出版物，要充分征求村民意见，政府采购部分不得用当地出版且不受农民欢迎的出版物充数。农家书屋所配出版物中，本省（自治区、直辖市）出版物比例一般不超过30%，且必须在备案的目录内。

第二十八条　农家书屋出版物的采购及配送由省级新闻出版行政部门按照政府采购的有关规定统一组织实施。

第二十九条　配送单位应在出版物上统一加盖农家书屋标识印章，交接时应向农家书屋提供出版物配送清单，由相关接收人清点验收，登记造册，做到手续完备、账目清楚。

第七章　农家书屋管理

第三十条　农家书屋的管理接受所在村党支部、村委会及全体村民的监督。

第三十一条　农家书屋应配有具备一定文化水平和管理能力、热心公益事业的专职或兼职管理人员。农家书屋管理人员应由村民民主推荐产生，并报当地新闻出版行政部门备案。

第三十二条　农家书屋应悬挂统一标牌，公开管理制度和借阅制度，保证固定的开放时间，实行免费借阅，尽力为村民服务。

第三十三条　农家书屋应建立健全出版物借阅登记、财产管理等制度，避免财产丢失、损坏、擅自转让或出售等现象的发生。

第三十四条　农家书屋应利用自身优势，大力开展读书征文、知识讲座、科技培训等形式多样的读书学习活动，不断丰富服务手段，拓宽服务范围，充分发挥农家书屋的作用。

第三十五条　新闻出版行政部门应定期对农家书屋管理员进行相关业务知识的培训，配发管理员手册，帮助他们提高管理能力。

第三十六条　新闻出版行政部门应结合当地实际，积极探索发挥农家书屋优势和作用的长效运行机制。

（一）有条件的地区应以农家书屋为基础，与现有的县乡图书馆、县新华书店联动，建立图书流动网络，在所有权不变的前提下实行出版物交流制度，扩大农民的阅读范围。

（二）探索建立机关、企事业单位、学校、个人等与农家书屋对口定点帮扶机制，解决出版物的不断更新问题。

（三）对于具备一定经营条件的农家书屋，可由新闻出版行政部门授予出版物经营许可证，开展出版物经营、代销、租赁等业务，增强农家书屋的自我发展能力。

第八章　验收与检查

第三十七条　农家书屋建成后，省级新闻出版行政部门应按照新闻出版总署制定的验收标准组织逐一验收。验收内容为农家书屋房舍、配备的出版物和基本设备情况、管理制度制定和公示情况、管理员人选情况等。

第三十八条　验收结果分为达标和不达标两类。验收达标的书屋，建设工程结案，相关资料纳入农家书屋工程信息管理系统；验收不达标的书屋，应由实施部门按照有关标准继续建设，完工后重新进行验收。

第三十九条　新闻出版总署组织督导组，对各地农家书屋工程建设情况进行督查；省级及市（地）级新闻出版行政部门组织力量对本地区农家书屋建设管理情况进行日常检查督导。检查内容为工程建设、管理制度的制定及落实情况、日常服务开展情况等，检查方式采取日常检查、专项检查、互查与抽查相结合。

第四十条　检查结果分为优秀、合格、不合格三个等级，检查结果及评估意见存入档案。对检查不合格的农家书屋，必须按照要求有针对性地进行整改。

第四十一条　省级新闻出版行政部门应于每年1月底前将本地区上一年度农家书屋工程建设情况和验收检查情况报新闻出版总署备案。

第四十二条　对于在农家书屋工程建设和管理中存在严重问题

的地区，视情况对该地区新闻出版行政部门给予通报批评，相应核减或停止拨付该地区下一年度中央财政专项资金。

第九章　附　则

第四十三条　农家书屋工程专项资金管理按照《农家书屋工程专项资金管理暂行办法》（另行印发）执行。

第四十四条　本办法由新闻出版总署负责解释。

第四十五条　本办法自印发之日起执行。

国家能源科技重大示范工程
管理办法

国家能源局关于印发
国家能源科技重大示范工程
管理办法的通知
国能科技〔2012〕130号

各省、自治区、直辖市、新疆生产建设兵团发展改革委
(经委、能源局)，有关能源企业，有关科研院所、高等院
校，相关行业协会：

为更好地实施《国家能源科技"十二五"规划》，完善
"重大技术研究、重大技术装备、重大示范工程、技术创新
平台"四位一体的能源科技创新体系，加强和规范重大示
范工程管理，充分发挥重大示范工程在加快能源科技成果转
化为现实生产力过程中的关键作用，我局组织编制了《国家
能源科技重大示范工程管理办法》，现印发给你们，请认真贯
彻执行。

国家能源局
二〇一二年四月十九日

第一章　总　则

第一条　为充分发挥科技创新在推动能源生产和利用方式变革、构建安全、稳定、经济、清洁的现代能源体系中的关键性作用，加快能源领域先进技术的研发及产业化，切实做好国家能源科技重大示范工程（以下简称"示范工程"）的管理工作，特制定本办法。

第二条　本办法所称示范工程是指应用自主化的先进能源科技和装备，能够开拓能源发展新领域，创新能源发展新模式，显著提升能源产业现有技术水平、经济性和核心竞争力，由国家核准的能源工程改造或建设项目。

第三条　本办法适用于示范工程的申请、实施、验收等工作。

第二章　项目申请

第四条　国家能源行业主管部门将通过国家能源科技规划、各能源子行业发展规划、产业政策以及科技示范指南等方式，明确示范工程的重点方向和内容。

第五条　示范工程申报单位在提交项目核准申请报告时，一并提交示范方案。计划单列企业集团和中央管理企业可直接提交示范方案，其它企业通过工程所在地省级政府能源行业主管部门提交示范方案。

第六条　示范方案具体内容包括：示范工程概况、工程技术方案、示范内容及目标、示范工作基础、实施方案以及知识产权管理等内容。

第七条　国家能源行业主管部门组织专家或委托有资质的咨询机构对示范方案进行评估，对于示范内容相同或类似的工程项目，通过比选论证确定拟推荐的示范工程。接受委托的咨询机构应在国家能源行业主管部门规定时间内提出评估报告，并对评估结论承担责任。

第八条 国家能源行业主管部门主要根据以下条件对示范方案进行审查：

一、符合国家相关法律法规的规定，有利于推动我国能源产业转变发展方式，进行产业升级和结构调整。

二、符合能源科技示范方向和要求，要在资源利用、节能减排、装置规模、装备制造、环保指标、经济效益等方面有大的提升或突破。

三、示范的技术或装备未实现商业化应用，但具有扎实的研究开发基础，或经过中间试验或工业性试验的验证，能够较快地实现产业化。

四、具有良好的推广应用前景，对区域经济和相关产业发展具有明显的带动作用。

五、申请单位应在相关领域的技术开发、项目建设、生产管理等方面经验丰富，具备安全实施示范方案的能力。

第九条 示范方案经审查同意后，国家在项目核准文件中对示范工程进行确认，同时明确示范工作的目标、内容和要求。对示范方向经审查同意，但示范方案需在获得核准批复文件后进一步细化和完善的工程项目，待示范方案完善并经审查同意后作为示范工程的核准内容之一。

第三章 项目实施和管理

第十条 示范工程承担单位应严格按照批准的示范方案开展示范工作，并定期向国家能源行业主管部门报告进展情况。

第十一条 如需对原有示范方案作重大调整，承担单位应报请国家能源行业主管部门批准。国家能源行业主管部门同意调整方案的批复作为工程检查验收的依据。

第十二条 对于示范任务重、难度大的领域，国家能源行业主管部门可组建成立该领域的示范工程建设工作组，协调解决示范工程在技术开发、设计审查、设备采购、项目建设、开车运行等环节出现的问题。

第四章　项目验收和考核评价

第十三条　示范工程建成并具备验收条件后，由示范工程承担单位提出验收申请，并提交示范方案、示范工程验收报告等相关文件。

第十四条　国家能源行业主管部门组织专家或委托咨询机构对示范工程进行现场考核，测算各项技术经济指标，对示范工程实施、运行及成果进行总结，对未来推广应用前景和条件进行分析判断，在此基础上完成《国家能源科技重大示范工程考核评价报告》。

第十五条　《国家能源科技重大示范工程考核评价报告》将作为推广应用工作的重要指导，同时也作为制定能源领域战略、规划、政策以及规章制度的重要参考。

第十六条　示范工程取得的科技成果的知识产权归属按照相关法律法规的规定执行。

第五章　政策支持

第十七条　符合示范工程相关政策导向的工程项目将作为能源领域投资调控的重点鼓励和支持对象，优先列入国家能源行业相关规划。

第十八条　示范工程相关的核心技术研发纳入《国家能源应用技术研究及工程示范科研项目》专项，关键装备自主化纳入能源技术装备中央预算内投资计划，酌情给予必要的资金支持。示范工程能源技术装备关键零部件及材料进口可按《关于调整重大技术装备进口税收政策的通知》（财关税〔2009〕55号）等文件要求，优先办理减免税手续。优先支持示范工程建设单位、相关技术开发机构和装备制造企业建设国家能源重大技术创新平台。

第十九条　对在示范工程建设中有突出贡献的企业，国家投资、能源及相关部门在项目核准、考核评价、成果推广、表彰奖励以及标准化建设等方面给予优先支持。

第六章　项目监督

第二十条　建立示范工程申请单位档案和诚信评级制度，统计和记录历次申报情况、已承担的示范工程及完成情况、科技创新方面的贡献、违法违规行为等信息，作为同一单位在申请其它许可事项、政策资金支持以及表彰奖励的重要参考。

第二十一条　示范工程在建设过程中具有下列情形之一的，取消其示范工程资格，予以公告，并纳入示范工程申请单位档案。

一、未按示范方案实施的；

二、工程建设过程中有违法违规行为的。

第七章　附　　则

第二十二条　参与评估、比选论证、考核评价等示范工程管理工作的专家原则上从能源领域专家库中选择，咨询机构包括国家发改委确定的具有建设项目评估资质的单位，国家能源研发（实验）中心以及国家能源行业主管部门认定的其它单位。承担某一事项咨询评估任务的评估机构，与同一事项的编制单位、行业（部门）审查单位、项目申报单位之间不得存在重大关联关系。

第二十三条　本办法由国家能源行业主管部门负责解释。

第二十四条　本办法自发布之日起施行。

文物保护工程管理办法

中华人民共和国文化部令

第 26 号

《文物保护工程管理办法》已经 2003 年 3 月 17 日文化部部务会议审议通过，现予发布，自 2003 年 5 月 1 日起施行。

文化部部长

2003 年 4 月 1 日

第一章　总　则

第一条　为进一步加强文物保护工程的管理，根据《中华人民共和国文物保护法》和《中华人民共和国建筑法》的有关规定，制定本办法。

第二条　本办法所称文物保护工程，是指对核定为文物保护单位的和其它具有文物价值的古文化遗址、古墓葬、古建筑、石窟寺和石刻、近现代重要史迹及代表性建筑、壁画等不可移动文物进行的保护工程。

第三条　文物保护工程必须遵守不改变文物原状的原则，

全面地保存、延续文物的真实历史信息和价值；按照国际、国内公认的准则，保护文物本体及与之相关的历史、人文和自然环境。

第四条 文物保护单位应当制定专项的总体保护规划，文物保护工程应当依据批准的规划进行。

第五条 文物保护工程分为：保养维护工程、抢险加固工程、修缮工程、保护性设施建设工程、迁移工程等。

（一）保养维护工程，系指针对文物的轻微损害所作的日常性、季节性的养护。

（二）抢险加固工程，系指文物突发严重危险时，由于时间、技术、经费等条件的限制，不能进行彻底修缮而对文物采取具有可逆性的临时抢险加固措施的工程。

（三）修缮工程，系指为保护文物本体所必需的结构加固处理和维修，包括结合结构加固而进行的局部复原工程。

（四）保护性设施建设工程，系指为保护文物而附加安全防护设施的工程。

（五）迁移工程，系指因保护工作特别需要，并无其它更为有效的手段时所采取的将文物整体或局部搬迁、异地保护的工程。

第六条 国家文物局负责全国文物保护工程的管理，并组织制定文物保护工程的相关规范、标准和定额。

第七条 具有法人资格的文物管理或使用单位，包括经国家批准，使用文物保护单位的机关、团体、部队、学校、宗教组织和其它企事业单位，为文物保护工程的业主单位。

第八条 承担文物保护工程的勘察、设计、施工、监理单位必须具有国家文物局认定的文物保护工程资质。资质认定办法和分级标准由国家文物局另行制定。

第九条 文物保护工程管理主要指立项、勘察设计、施工、监理及验收管理。

第二章　立项与勘察设计

第十条　文物保护工程按照文物保护单位级别实行分级管理，并按以下规定履行报批程序：

（一）全国重点文物保护单位保护工程，以省、自治区、直辖市文物行政部门为申报机关，国家文物局为审批机关。

（二）省、自治区、直辖市级文物保护单位保护工程以文物所在地的市、县级文物行政部门为申报机关，省、自治区、直辖市文物行政部门为审批机关。

市县级文物保护单位及未核定为文物保护单位的不可移动文物的保护工程的申报机关、审批机关由省级文物行政部门确定。

第十一条　保养维护工程由文物使用单位列入每年的工作计划和经费预算，并报省、自治区、直辖市文物行政部门备案。

抢险加固工程、修缮工程、保护性设施建设工程的立项与勘察设计方案按本办法第十条的规定履行报批程序。抢险加固工程中确因情况紧急需要即刻实施的，可在实施的同时补报。

迁移工程按《中华人民共和国文物保护法》第二十条的规定获得批准后，按本办法第十条的规定报批勘察设计方案。

第十二条　因特殊情况需要在原址重建已经全部毁坏的不可移动文物的，按《中华人民共和国文物保护法》第二十二条的规定获得批准后，按本办法第十条的规定报批勘察设计方案。

第十三条　工程项目的立项申报资料包括以下内容：

（一）工程业主单位及上级主管部门名称；

（二）拟立项目名称、地点，文物保护单位级别、时代，保护范围与建设控制地带的划定、公布与执行情况；

（三）保护工程必要性与实施可能性的技术文件与形象资料录像或照片；

（四）经费估算、来源及计划工期安排；

（五）拟聘请的勘察设计单位名称及资信。

第十四条 已立项的文物保护工程应当申报勘察、方案设计和施工技术设计文件。重大工程要在方案获得批准后,再进行技术设计。

第十五条 勘察和方案设计文件包括:

(一)反映文物历史状况、固有特征和损害情况的勘察报告、实测图、照片;

(二)保护工程方案、设计图及相关技术文件;

(三)工程设计概算;

(四)必要时应提供考古勘探发掘资料、材料试验报告书、环境污染情况报告书、工程地质和水文地质资料及勘探报告。

第十六条 施工技术设计文件包括:

(一)施工图;

(二)设计说明书;

(三)施工图预算;

(四)相关材料试验报告及检测鉴定结果。

第三章 施工、监理与验收

第十七条 文物保护工程中的修缮工程、保护性设施建设工程和迁移工程实行招投标和工程监理。

第十八条 重要文物保护工程按本办法第十条规定的程序报批招标文件及拟选用的施工单位。

第十九条 文物保护工程必须遵守国家有关施工的法律、法规和规章、规范,购置的工程材料应当符合文物保护工程质量的要求。施工单位应当严格按照设计文件的要求进行施工,其工作程序为:

(一)依据设计文件,编制施工方案;

(二)施工人员进场前要接受文物保护相关知识的培训;

(三)按文物保护工程的要求作好施工记录和施工统计文件,收集有关文物资料;

(四)进行质量自检,对工程的隐蔽部分必须与业主单位、设计单位、监理单位共同检验并做好记录；

（五）提交竣工资料；

（六）按合同约定负责保修，保修期限自竣工验收之日起计算，除保养维护、抢险加固工程以外，不少于五年。

第二十条 施工过程中如发现新的文物、有关资料或其它影响文物保护的重大问题，要立即记录，保护现场，并经原申报机关向原审批机关报告，请示处理办法。

第二十一条 施工过程中如需变更或补充已批准的技术设计，由工程业主单位、设计单位和施工单位共同现场洽商，并报原申报机关备案；如需变更已批准的工程项目或方案设计中的重要内容，必须经原申报机关报审批机关批准。

第二十二条 文物保护工程应当按工序分阶段验收。重大工程告一段落时，项目的审批机关应当组织或者委托有关单位进行阶段验收。

第二十三条 工程竣工后，由业主单位会同设计单位、施工单位、监理单位对工程质量进行验评，并提交工程总结报告、竣工报告、竣工图纸、财务决算书及说明等资料，经原申报机关初验合格后报审批机关。项目的审批机关视工程项目的实际情况成立验收小组或者委托有关单位，组织竣工验收。

第二十四条 对工程验收中发现的质量问题，由业主单位及时组织整改。

第二十五条 文物保护工程的业主单位、勘察设计单位、施工单位、申报机关和审批机关应当建立有关工程行政、技术和财务文件的档案管理制度。所有工程资料应当立卷存档并归入文物保护单位记录档案。

重要工程应当在验收后三年内发表技术报告。

第四章 奖励与处罚

第二十六条 文物保护工程设立优秀工程奖，具体办法由国家文物局制定。

第二十七条 违反本办法、或对文物造成破坏的，按《中华人民共和国文物保护法》及国务院有关规定处罚。

第五章 附 则

第二十八条 非国有不可移动文物的保护维修，参照执行本办法。

第二十九条 以前发布的规章与本办法相抵触的，以本办法的规定为准。

第三十条 本办法自 2003 年 5 月 1 日起施行。

教育部直属高校基本建设管理办法
（2017 年修订）

教育部关于印发《教育部直属高校基本建设管理办法
（2017 年修订）》的通知

教发〔2017〕7 号

部属各高等学校、各直属事业单位：

为贯彻落实党中央国务院关于进一步推进简政放权、放管结合、优化服务的决策部署，扩大中央高校基本建设管理权限，简化中央高校基本建设项目审批程序，我部对原《教育部直属高校基本建设管理办法》（教发〔2012〕1 号）进行了修订。现将新修订的《教育部直属高校基本建设管理办法（2017 年修订）》印发给你们，请按照执行。

中华人民共和国教育部

2017 年 4 月 11 日

第一章　总　则

第一条　为进一步规范教育部直属高等学校（以下简称直属高校）基本建设管理，提高决策水平，保证投资效益，促进直属高校事业持续健康发展，根据有关法律法规和国家相关政策，结合直属高校实际，制定本办法。

第二条 直属高校校园建设总体规划（以下简称校园规划）的编制，新建、扩建、改建等基本建设项目（以下简称建设项目）的管理适用本办法。

第三条 直属高校基本建设项目根据资金来源不同，分别实行审批管理或备案管理。直属高校申请中央预算内基建投资的建设项目，实行审批管理；利用自有资金（包括学校自有、捐赠、地方预算资金等）的建设项目，实行备案管理。

第四条 教育部是直属高校基本建设的主管部门，负责申请中央预算内基建投资、指导编制校园规划及五年基本建设规划、审批备案建设项目和监督项目实施。

第五条 直属高校是基本建设的责任主体，负责编制报审校园规划和五年基本建设规划，报批报备建设项目、筹措建设资金并组织实施项目。

第六条 直属高校基本建设应当遵循基本建设规律，严格遵守基本建设程序，严格执行"三重一大"决策制度。

第二章　校园规划编制

第七条 校园规划是学校确定建设项目、开展基本建设的重要依据，应当具有前瞻性、科学性、稳定性和权威性，不得随意变更。

第八条 编制校园规划（含新编和修订，下同）应当贯彻保护环境、节地、节水、节能、节材的基本方针，构建资源节约型、环境友好型校园。

第九条 编制校园规划应当坚持适用、经济、勤俭节约的原则，正确处理近期建设和远景发展的关系、新建校区和既有校区的关系。校园建筑规划面积应当符合国家和地方相关规定。

第十条 直属高校应当委托有相应资质的单位编制校园规划，

组织专家评估论证，并按照有关规定公开相关信息，充分听取师生员工意见。有条件的应当制定相应的规划设计导则，设立校园规划委员会。

第十一条 直属高校校园规划经地方规划部门批准或备案后，在校内公开发布并报送教育部备案。

第十二条 直属高校应当根据校园规划，结合事业发展需要和财务能力，按照国家经济与社会发展规划周期，在教育部的指导下编制五年基本建设规划，确定5年内规划实施的建设项目和投资方案，并上报教育部审核。

第十三条 直属高校五年基本建设规划实施期间，原则上可调整一次。

第十四条 教育部对直属高校五年基本建设规划的实施情况进行监测和评价。

第三章 项目审批管理

第十五条 直属高校申请中央预算内基建投资的建设项目，应当按照国家有关规定报送教育部或国家发展和改革委员会审批，获得批准后方可实施。

第十六条 直属高校报国家发展和改革委员会审批的建设项目，由教育部初审后，按要求报送国家发展和改革委员会审批。

第十七条 报教育部审批的建设项目，其审批环节包括项目建议书、可行性研究报告、初步设计及概算。对已列入五年基建规划的建设项目，不再审批项目建议书。

第十八条 直属高校因规划设计、土地征用、争取投资等需要，可报请教育部审批建设项目的项目建议书。

直属高校申请审批项目建议书应当提供以下材料：

（一）请示文件；

（二）学校决策会议纪要；

（三）校园规划；

（四）项目建议书，主要包括项目概况、建设依据和必要性、投资估算、效益分析等内容；

（五）其他相关材料。

第十九条 直属高校申请审批可行性研究报告应当提供以下材料：

（一）请示文件；

（二）学校决策会议纪要；

（三）校园规划；

（四）可行性研究报告及编制单位资质文件；

（五）城乡规划、用地、环评等批复文件，以及节能评估材料；

（六）资金筹措证明；

（七）其他相关材料。

第二十条 建设项目可行性研究报告应当委托有相应资质的单位编制，符合国家相关部门要求的前期工作质量和深度，应当包括以下内容：

（一）总论；

（二）需求分析与建设规模；

（三）场址选择；

（四）建筑方案选择；

（五）节能节水措施；

（六）环境影响评价；

（七）劳动安全卫生消防；

（八）组织机构与人力资源配置；

（九）项目实施进度；

（十）投资估算与资金筹措；

（十一）招标方案及项目招标基本情况表；

（十二）财务评价；

（十三）社会评价；

（十四）研究结论与建议。

第二十一条 按照国家预算管理要求，计划申请下一年度中央预算内基建投资的新开工建设项目，项目高校应当于本年度5月底前一次性向教育部报送可行性研究报告及相关文件。教育部受理项目可行性研究报告后，经审查确认符合本办法相关要求的，应于30个工作日内予以批复；不符合要求的，应当说明理由或提出修改意见。

第二十二条 申请中央预算内基建投资的建设项目可行性研究报告实行审批前投资咨询评估制度，咨询评估工作应当按照投资咨询评估管理的有关规定执行。需要委托投资咨询评估的建设项目，其评估时间原则上为30个工作日，此时间不计入批复时限。

第二十三条 建设项目应当在可行性研究报告批复文件下达之日起3年内开工建设。

存在下面情况之一时，应重新报批可行性研究报告：

（一）逾期未开工建设的；

（二）建设地点、主要建设内容等发生重大变化的；

（三）总投资超过批复金额10%的。

第二十四条 可行性研究报告获批后，应委托有相应资质的单位严格依照可行性研究报告批复文件编制初步设计及概算。直属高校应当采取有效措施保证建设项目设计质量，有效控制项目变更。

第二十五条 直属高校申请审批初步设计及概算应当提供以下材料：

（一）请示文件；

（二）初步设计及概算，主要包括设计总说明、总平面图、各专业计算书及设计图纸、工程概算书等；

（三）可行性研究报告批复文件；

（四）其他相关材料。

第二十六条 建设项目概算调增幅度超过原批复概算10%的，学校应当委托审计部门进行审计后报教育部申请调整。

第四章　项目备案管理

第二十七条　直属高校利用自有资金的建设项目，应当先向教育部申请办理项目备案手续。申请项目备案时，直属高校需填写《教育部直属高校基本建设项目备案申请表》，并提供下列材料：

（一）请示文件；

（二）学校决策会议纪要；

（三）校园规划；

（四）五年基本建设规划；

（五）其他需要特殊说明的相关材料。

第二十八条　直属高校申请备案项目应当符合高等教育发展规划，符合学校事业发展规划、校园规划和五年基本建设规划。

第二十九条　教育部应当在正式受理直属高校基本建设项目备案申请后 30 个工作日内，出具备案意见；对不符合备案要求的项目，应当不予受理并向申请高校说明理由和修改意见。

第三十条　直属高校凭备案意见，按国家和地方相关规定办理计划、规划、用地、环评、节能审查、招标等建设手续。

第三十一条　建设项目应当在备案意见下达之日起 5 年内开工建设。

存在下面情况之一时，应重新备案：

（一）逾期未开工建设的；

（二）建设地点、主要建设内容等发生重大变化的；

（三）总投资超出备案金额 20% 的。

第五章　年度投资计划编制和调整

第三十二条　直属高校编制年度投资计划应当优先安排正常教学科研急需的建设项目，保障必需的基本办学条件和校园基础设施建设项目，积极支持服务国家重大战略建设项目。

第三十三条 年度投资计划包括下一年度基本建设投资建议计划（以下简称建议计划）、本年度基本建设投资计划（以下简称年初计划）和本年度基本建设投资调整计划（以下简称调整计划）。

第三十四条 建议计划由直属高校依据项目进展情况和下一年度预期情况编制，按时报教育部。建议计划应当遵循以下原则编制：

（一）投资计划总量应当根据学校资金财务能力和建设需要，综合平衡、统筹安排；

（二）建设资金应当首先保证用于续建项目，并根据项目实际执行情况，合理安排下一年度投资额度，对于收尾项目，应安排足额资金，确保项目及时竣工交付使用；

（三）中央预算内基建投资等政府投资建设项目的配套资金，应当按计划及时足额落实到位；

（四）新建项目原则上应当是可行性研究报告已批复或已备案，且取得建设工程规划许可证的建设项目；

（五）建设项目所需建设投资依据项目审批或备案时确定的投资额度及筹资方案填报。

第三十五条 直属高校应当依据上一年度确认的建议计划，结合上一年度投资完成情况及财政部确认的当年预算编制年初计划，按时报教育部。

第三十六条 直属高校应当依据年初计划实际执行情况和教育部工作要求编制调整计划，按时报教育部。

第三十七条 直属高校应当加强计划管理，严格按计划实施建设项目。

第六章　建设项目实施

第三十八条 直属高校应当建立完善项目建设组织机构，实行法人责任制度。学校主要领导对项目建设负总责，分管领导对相关工作负领导责任，基建、财务、审计、纪检监察等相关部门负责建设项目的组织实施、资金管理、审计监督、廉政建设等工作。

建设项目实行代建制管理的直属高校应当依法通过招标等方式选择有相应资质的代建单位。

第三十九条 建设项目应当依法实行招标投标制度。勘察、设计、施工、监理、设备和材料的采购、工程咨询及社会审计等均应当依法实行招标。

第四十条 建设项目应当依法实行工程监理制度。项目建设监理应当依照有关法律法规、技术标准、相关文件及合同实施。

第四十一条 直属高校应当严格按照批复文件实施建设项目，不得擅自改变建设选址、建筑面积、项目投资和建设用途。

第四十二条 直属高校应当对建设项目依法实行合同管理制度，完善项目变更内控制度。

第四十三条 直属高校应当依法完善工程质量控制体系，建立健全工程质量责任追究制度，实行工程质量终身负责制度，保证建设项目工程质量。建设项目的合理工期不得随意压缩或拖延。

第四十四条 建设项目应当建立健全安全责任体系，明确各方的安全责任，确保施工现场和校园安全。

第四十五条 建设项目应当建立健全档案管理制度，由专人负责档案资料的收集、保管、整理和移交等相关工作。

第四十六条 建设项目建成后应当及时办理固定资产交付手续。

第七章 建设资金管理

第四十七条 在防范财务风险的前提下，鼓励学校多渠道筹集建设资金。建设资金应依法严格管理，专人负责、专款专用。

第四十八条 直属高校应当建立健全建设资金管理办法和审批程序，建设项目管理与财务管理分离，实行工程款支付"两支笔"会签制度。建设项目预算纳入国库集中支付范围的，资金拨付按照国库集中支付的有关管理办法执行。

第四十九条　基本建设年度财务决算报告应当严格按照调整计划和资金实际使用情况编制，并按规定于下一年度2月底前报教育部，由教育部报财政部备案。审批或备案建设项目的财务决算报表，均应报教育部批复。

第五十条　建设项目应当按照基本建设项目竣工财务决算管理的有关规定，在项目完工可投入使用或者试运行合格后3个月内完成竣工财务决算编报工作，特殊情况确需延长的，不得超过6个月。竣工财务决算应委托有相应资质的会计师事务所评审后，报教育部审核。

第八章　监督与评价

第五十一条　直属高校应当依照本办法和国家相关规定，建立健全建设项目的决策、管理、监督、制约机制和相关制度，加强对建设项目各个环节的监督管理，把廉政建设责任落实到位，把廉政风险防范工作融入建设项目的日常管理工作。

第五十二条　直属高校各级领导干部应当严格执行教育部关于严禁领导干部违反规定插手干预基本建设工程项目管理行为的规定。

第五十三条　直属高校应当根据相关规定加强对建设项目的内部审计工作，建立健全建设项目内部审计制度，规范内部审计工作程序，项目未经审计不得结算。切实开展建设项目全过程审计、内部控制审计和管理部门主要负责人经济责任审计工作。

第五十四条　直属高校应当规范项目监督，加强对项目招标投标、建设监理、合同管理等关键环节的监督检查。项目责任人或代建机构、勘察设计、施工、监理等单位的名称和责任人姓名应当在施工现场的显著位置公示；学校纪检、监察等监督职能部门应当公布举报电话、设立信箱，受理对项目建设中违法违纪违规问题的举报。

第五十五条　教育部利用直属高校基建管理信息系统对基建项

目实施监管，直属高校应当按要求报送有关材料和数据。直属高校建设项目实行后评价制度，教育部根据有关规定要求，对项目建成后的使用效果进行绩效评价。

第五十六条 违反本办法要求，造成建设项目质量低劣、损失浪费或责任事故的直属高校，由教育部予以通报批评，情节严重的扣减或暂停资金拨付，不予批准或备案新的建设项目；对相关责任人员，视情节轻重依据相关法律法规和党内法规追究其责任，对涉嫌犯罪的移交司法机关。

第九章　附　　则

第五十七条 教育部直属事业单位基本建设管理参照本办法执行。

第五十八条 本办法自发布之日起施行。原《教育部直属高校基本建设管理办法》（教发〔2012〕1号）同时废止。

附　录

教育部关于加强直属高校建设工程
管理审计的意见

教财〔2016〕11号

部属各高等学校：

根据《教育系统内部审计工作规定》《教育部直属高校基本建设管理办法》和《教育部关于加强直属高校内部审计工作的意见》，为进一步加强直属高校建设工程管理审计工作，现提出如下意见：

一、深化对建设工程管理审计的认识

建设工程管理审计是对建设工程业务活动及其内部控制的适当性、有效性进行的确认和评价活动。实践证明，建设工程管理审计在合理控制建设投资、完善建设工程管理、促进廉政建设方面发挥着重要作用。新形势下，建设工程管理审计应在现有基础上，更加注重绩效，突出审计重点，抓住关键环节，创新审计机制，实现促进完善内部控制、促进落实管理责任、促进提高资源绩效的目的。

二、实行建设工程管理审计全覆盖

学校各类资金来源的新建、改扩建及修缮工程均应纳入审计范围。建设工程的投资立项、勘察设计、施工准备、施工过程、竣工验收等各阶段的业务和管理活动均应纳入审计范围。学校要结合实际情况，充分考虑审计资源状况，科学规划，统筹安排，有重点、有步骤、有深度、有成效地推进建设工程管理审计全覆盖。

三、建立建设工程投资评审制度

建设工程投资评审是指在建设工程开工前对建设标准、投资计划、设计概算等进行评审。目的是在确保建设工程质量和功能需求的前提下，加强造价管理，以投资计划控制设计概算，以设计概算控制施工预算。学校应成立建设工程投资评审小组，负责投资评审工作。学校建设项目的功能需求、建设标准、投资计划等在按程序报批立项前须报投资评审小组评审。建设项目的设计应在投资计划限额内进行，设计概算须报投资评审小组审定。学校应安排内部审计部门参加建设项目决策、设计阶段有关研讨、论证会议，建设项目的项目建议书、可行性研究报告、初步设计及概算上报前应征求内部审计部门意见。

四、突出建设工程管理审计重点

在建设工程管理审计中，要突出内部控制审计、造价审计、招标审计、付款审计等重点。内部控制审计是定期对建设工程内部控制的设计与执行情况进行审计，主要包括建设工程归口管理情况、管理岗位设置与职责情况、建设工程各阶段履行基本程序、执行有关政策等业务管理情况、预算和付款控制等财务管理情况。造价审计是对建设工程各阶段工程造价进行审计，主要包括投资估算、设计概算、招标控制价、洽商变更估价、竣工结算的审计等。招标审计是对建设工程各类招标文件、经济合同等进行审计，主要包括设计、施工、专业工程及暂估项目、监理等招标文件和合同。付款审计是依照合同和项目进展对建设工程用款拨付进行审计。学校可根据实际情况确定和调整各阶段送审起点金额，对送审起点金额以下的项目可进行抽审。

五、完善建设工程管理审计结果运用机制

建立健全学校内部审计部门与学校组织、人事、纪检监察部门的工作协调机制，把审计监督与党管干部、纪律检查、追责问责结合起来。学校内部审计部门对于建设工程管理审计中发现的内部控制缺陷，应及时出具审计意见书，督促有关部门进行整改；对于发现的违纪违法问题线索，应及时移送纪检监察部门核实查处；对于发现的典型性、普遍性问题，应及时提出审计建议，提交有关部门研究解决。学校有关部门要按照审计意见和建议，认真落实整改，对整改不力、屡审屡犯、造成损失的，要严格追责问责。建设工程管理审计结果应按照有关规定在一定范围内公示。

六、规范建设工程管理审计组织实施

建设工程管理审计由学校内部审计部门组织实施，也可由内部审计部门委托具有相应资质的中介机构实施。委托中介机构应当按照国家有关规定办理，委托费用按照规定列入工程建设成本。内部审计部门应加强对中介机构的管理和监督。

各高校要高度重视建设工程管理审计工作，要按照本意见要求，制定或修订学校建设工程管理审计具体办法，并于 2017 年 5 月底前报我部备案。我部将对各高校落实意见情况进行检查。

中华人民共和国教育部

2016 年 12 月 6 日

工程建设法律法规读本

建设管理法律法规

魏光朴　主编

汕头大学出版社

图书在版编目（CIP）数据

建设管理法律法规／魏光朴主编．-- 汕头：汕头
大学出版社，2023.4（重印）
　　（工程建设法律法规读本）
　　ISBN 978-7-5658-3241-3

　　Ⅰ.①建… Ⅱ.①魏… Ⅲ.①建筑法-基本知识-中
国 Ⅳ.①D922.297

中国版本图书馆 CIP 数据核字（2017）第 300506 号

建设管理法律法规　　JIANSHE GUANLI FALÜ FAGUI

主　　编：魏光朴
责任编辑：邹　峰
责任技编：黄东生
封面设计：大华文苑
出版发行：汕头大学出版社
　　　　　广东省汕头市大学路 243 号汕头大学校园内　邮政编码：515063
电　　话：0754-82904613
印　　刷：三河市元兴印务有限公司
开　　本：690mm×960mm 1/16
印　　张：18
字　　数：226 千字
版　　次：2017 年 12 月第 1 版
印　　次：2023 年 4 月第 2 次印刷
定　　价：59.60 元（全 2 册）
ISBN 978-7-5658-3241-3

前　言

习近平总书记指出："推进全民守法，必须着力增强全民法治观念。要坚持把全民普法和守法作为依法治国的长期基础性工作，采取有力措施加强法制宣传教育。要坚持法治教育从娃娃抓起，把法治教育纳入国民教育体系和精神文明创建内容，由易到难、循序渐进不断增强青少年的规则意识。要健全公民和组织守法信用记录，完善守法诚信褒奖机制和违法失信行为惩戒机制，形成守法光荣、违法可耻的社会氛围，使遵法守法成为全体人民共同追求和自觉行动。"

中共中央、国务院曾经转发了中央宣传部、司法部关于在公民中开展法治宣传教育的规划，并发出通知，要求各地区各部门结合实际认真贯彻执行。通知指出，全民普法和守法是依法治国的长期基础性工作。深入开展法治宣传教育，是全面建成小康社会和新农村的重要保障。

普法规划指出：各地区各部门要根据实际需要，从不同群体的特点出发，因地制宜开展有特色的法治宣传教育坚持集中法治宣传教育与经常性法治宣传教育相结合，深化法律进机关、进乡村、进社区、进学校、进企业、进单位的"法律六进"主题活动，完善工作标准，建立长效机制。

特别是农业、农村和农民问题，始终是关系党和人民事业发展的全局性和根本性问题。党中央、国务院发布的《关于推进社会主义新农村建设的若干意见》中明确提出要"加强农村法制建设，深入开展农村普法教育，增强农民的法制观念，提高农民依法行使权利和履行义务的自觉性。"多年普法实践证明，普及法律知识，提高法制观念，增强全社会依法办事意识具有重要作用。特别是在广大农村进行普法教育，是提高全民法律素质的需要。

多年来，我国在农村实行的改革开放取得了极大成功，农村发生了翻天覆地的变化，广大农民生活水平大大得到了提高。但是，由于历史和社会等原因，现阶段我国一些地区农民文化素质还不高，不学法、不懂法、不守法现象虽然较原来有所改变，但仍有相当一部分群众的法制观念仍很淡化，不懂、不愿借助法律来保护自身权益，这就极易受到不法的侵害，或极易进行违法犯罪活动，严重阻碍了全面建成小康社会和新农村步伐。

为此，根据党和政府的指示精神以及普法规划，特别是根据广大农村农民的现状，在有关部门和专家的指导下，特别编辑了这套《全国普法学习读本》。主要包括了广大人民群众应知应懂、实际实用的法律法规。为了辅导学习，附录还收入了相应法律法规的条例准则、实施细则、解读解答、案例分析等；同时为了突出法律法规的实际实用特点，兼顾地方性和特殊性，附录还收入了部分某些地方性法律法规以及非法律法规的政策文件、管理制度、应用表格等内容，拓展了本书的知识范围，使法律法规更"接地气"，便于读者学习掌握和实际应用。

在众多法律法规中，我们通过甄别，淘汰了废止的，精选了最新的、权威的和全面的。但有部分法律法规有些条款不适应当下情况了，却没有颁布新的，我们又不能擅自改动，只得保留原有条款，但附录却有相应的补充修改意见或通知等。众多法律法规根据不同内容和受众特点，经过归类组合，优化配套。整套普法读本非常全面系统，具有很强的学习性、实用性和指导性，非常适合用于广大农村和城乡普法学习教育与实践指导。总之，是全国全民普法的良好读本。

目　　录

建设工程勘察设计管理条例

建设工程质量管理条例

建设工程安全生产管理条例

建设项目环境保护管理条例

人工鱼礁建设项目管理细则（试行）

工程建设标准涉及专利管理办法

水运建设市场监督管理办法

基本建设财务规则

建设工程勘察设计管理条例

中华人民共和国国务院令

第 687 号

现公布《国务院关于修改部分行政法规的决定》，自公布之日起施行。

总理　李克强

2017 年 10 月 7 日

（2000 年 9 月 25 日中华人民共和国国务院令第 293 号公布；根据 2015 年 6 月 12 日《国务院关于修改〈建设工程勘察设计管理条例〉的决定》修订；根据 2017 年 10 月 7 日中华人民共和国国务院令第 687 号修改）

第一章　总　则

第一条　为了加强对建设工程勘察、设计活动的管理，保证建设工程勘察、设计质量，保护人民生命和财产安全，制定本条例。

第二条　从事建设工程勘察、设计活动，必须遵守本条例。

本条例所称建设工程勘察，是指根据建设工程的要求，查明、分析、评价建设场地的地质地理环境特征和岩土工程条件，编制建设工程勘察文件的活动。

本条例所称建设工程设计，是指根据建设工程的要求，对建设工程所需的技术、经济、资源、环境等条件进行综合分析、论证，编制建设工程设计文件的活动。

第三条　建设工程勘察、设计应当与社会、经济发展水平相适应，做到经济效益、社会效益和环境效益相统一。

第四条　从事建设工程勘察、设计活动，应当坚持先勘察、后设计、再施工的原则。

第五条　县级以上人民政府建设行政主管部门和交通、水利等有关部门应当依照本条例的规定，加强对建设工程勘察、设计活动的监督管理。

建设工程勘察、设计单位必须依法进行建设工程勘察、设计，严格执行工程建设强制性标准，并对建设工程勘察、设计的质量负责。

第六条　国家鼓励在建设工程勘察、设计活动中采用先进技术、先进工艺、先进设备、新型材料和现代管理方法。

第二章　资质资格管理

第七条　国家对从事建设工程勘察、设计活动的单位，实行资质管理制度。具体办法由国务院建设行政主管部门商国务院有关部门制定。

第八条　建设工程勘察、设计单位应当在其资质等级许可的范围内承揽建设工程勘察、设计业务。

禁止建设工程勘察、设计单位超越其资质等级许可的范围或者以其他建设工程勘察、设计单位的名义承揽建设工程勘察、设计业务。禁止建设工程勘察、设计单位允许其他单位或者个人以本单位的名义承揽建设工程勘察、设计业务。

第九条　国家对从事建设工程勘察、设计活动的专业技术人员，实行执业资格注册管理制度。

未经注册的建设工程勘察、设计人员，不得以注册执业人员的名义从事建设工程勘察、设计活动。

第十条　建设工程勘察、设计注册执业人员和其他专业技术人员只能受聘于一个建设工程勘察、设计单位；未受聘于建设工程勘察、设计单位的，不得从事建设工程的勘察、设计活动。

第十一条　建设工程勘察、设计单位资质证书和执业人员注册证书，由国务院建设行政主管部门统一制作。

第三章　建设工程勘察设计发包与承包

第十二条　建设工程勘察、设计发包依法实行招标发包或者直接发包。

第十三条　建设工程勘察、设计应当依照《中华人民共和国招标投标法》的规定，实行招标发包。

第十四条　建设工程勘察、设计方案评标，应当以投标人的业绩、信誉和勘察、设计人员的能力以及勘察、设计方案的优劣为依据，进行综合评定。

第十五条　建设工程勘察、设计的招标人应当在评标委员会推荐的候选方案中确定中标方案。但是，建设工程勘察、设计的招标人认为评标委员会推荐的候选方案不能最大限度满足招标文件规定的要求的，应当依法重新招标。

第十六条　下列建设工程的勘察、设计，经有关主管部门批准，可以直接发包：

（一）采用特定的专利或者专有技术的；

（二）建筑艺术造型有特殊要求的；

（三）国务院规定的其他建设工程的勘察、设计。

第十七条　发包方不得将建设工程勘察、设计业务发包给不具有相应勘察、设计资质等级的建设工程勘察、设计单位。

第十八条　发包方可以将整个建设工程的勘察、设计发包给一个勘察、设计单位；也可以将建设工程的勘察、设计分别发包给几个勘察、设计单位。

第十九条　除建设工程主体部分的勘察、设计外，经发包方书面同意，承包方可以将建设工程其他部分的勘察、设计再分包给其他具有相应资质等级的建设工程勘察、设计单位。

第二十条　建设工程勘察、设计单位不得将所承揽的建设工程勘察、设计转包。

第二十一条　承包方必须在建设工程勘察、设计资质证书规定的资质等级和业务范围内承揽建设工程的勘察、设计业务。

第二十二条　建设工程勘察、设计的发包方与承包方，应当执行国家规定的建设工程勘察、设计程序。

第二十三条　建设工程勘察、设计的发包方与承包方应当签订建设工程勘察、设计合同。

第二十四条　建设工程勘察、设计发包方与承包方应当执行国家有关建设工程勘察费、设计费的管理规定。

第四章　建设工程勘察
设计文件的编制与实施

第二十五条　编制建设工程勘察、设计文件，应当以下列规定为依据：

（一）项目批准文件；

（二）城乡规划；

（三）工程建设强制性标准；

（四）国家规定的建设工程勘察、设计深度要求。

铁路、交通、水利等专业建设工程，还应当以专业规划的要求为依据。

第二十六条 编制建设工程勘察文件，应当真实、准确，满足建设工程规划、选址、设计、岩土治理和施工的需要。

编制方案设计文件，应当满足编制初步设计文件和控制概算的需要。

编制初步设计文件，应当满足编制施工招标文件、主要设备材料订货和编制施工图设计文件的需要。

编制施工图设计文件，应当满足设备材料采购、非标准设备制作和施工的需要，并注明建设工程合理使用年限。

第二十七条 设计文件中选用的材料、构配件、设备，应当注明其规格、型号、性能等技术指标，其质量要求必须符合国家规定的标准。

除有特殊要求的建筑材料、专用设备和工艺生产线等外，设计单位不得指定生产厂、供应商。

第二十八条 建设单位、施工单位、监理单位不得修改建设工程勘察、设计文件；确需修改建设工程勘察、设计文件的，应当由原建设工程勘察、设计单位修改。经原建设工程勘察、设计单位书面同意，建设单位也可以委托其他具有相应资质的建设工程勘察、设计单位修改。修改单位对修改的勘察、设计文件承担相应责任。

施工单位、监理单位发现建设工程勘察、设计文件不符合工程建设强制性标准、合同约定的质量要求的，应当报告建设单位，建设单位有权要求建设工程勘察、设计单位对建设工程勘察、设计文件进行补充、修改。

建设工程勘察、设计文件内容需要作重大修改的，建设单位应当报经原审批机关批准后,方可修改。

第二十九条　建设工程勘察、设计文件中规定采用的新技术、新材料,可能影响建设工程质量和安全,又没有国家技术标准的,应当由国家认可的检测机构进行试验、论证,出具检测报告,并经国务院有关部门或者省、自治区、直辖市人民政府有关部门组织的建设工程技术专家委员会审定后,方可使用。

第三十条　建设工程勘察、设计单位应当在建设工程施工前,向施工单位和监理单位说明建设工程勘察、设计意图,解释建设工程勘察、设计文件。

建设工程勘察、设计单位应当及时解决施工中出现的勘察、设计问题。

第五章　监督管理

第三十一条　国务院建设行政主管部门对全国的建设工程勘察、设计活动实施统一监督管理。国务院铁路、交通、水利等有关部门按照国务院规定的职责分工,负责对全国的有关专业建设工程勘察、设计活动的监督管理。

县级以上地方人民政府建设行政主管部门对本行政区域内的建设工程勘察、设计活动实施监督管理。县级以上地方人民政府交通、水利等有关部门在各自的职责范围内,负责对本行政区域内的有关专业建设工程勘察、设计活动的监督管理。

第三十二条　建设工程勘察、设计单位在建设工程勘察、设计资质证书规定的业务范围内跨部门、跨地区承揽勘察、设计业务的,有关地方人民政府及其所属部门不得设置障碍,不得违反国家规定收取任何费用。

第三十三条　施工图设计文件审查机构应当对房屋建筑工程、市政基础设施工程施工图设计文件中涉及公共利益、公众安全、工程建设强制性标准的内容进行审查。县级以上人民政府交通运输等有关部门应当按照职责对施工图设计文件中涉及公共利益、公众安全、工程建设强制性标准的内容进行审查。

施工图设计文件未经审查批准的，不得使用。

第三十四条 任何单位和个人对建设工程勘察、设计活动中的违法行为都有权检举、控告、投诉。

第六章 罚 则

第三十五条 违反本条例第八条规定的，责令停止违法行为，处合同约定的勘察费、设计费1倍以上2倍以下的罚款，有违法所得的，予以没收；可以责令停业整顿，降低资质等级；情节严重的，吊销资质证书。

未取得资质证书承揽工程的，予以取缔，依照前款规定处以罚款；有违法所得的，予以没收。

以欺骗手段取得资质证书承揽工程的，吊销资质证书，依照本条第一款规定处以罚款；有违法所得的，予以没收。

第三十六条 违反本条例规定，未经注册，擅自以注册建设工程勘察、设计人员的名义从事建设工程勘察、设计活动的，责令停止违法行为，没收违法所得，处违法所得2倍以上5倍以下罚款；给他人造成损失的，依法承担赔偿责任。

第三十七条 违反本条例规定，建设工程勘察、设计注册执业人员和其他专业技术人员未受聘于一个建设工程勘察、设计单位或者同时受聘于两个以上建设工程勘察、设计单位，从事建设工程勘察、设计活动的，责令停止违法行为，没收违法所得，处违法所得2倍以上5倍以下的罚款；情节严重的，可以责令停止执行业务或者吊销资格证书；给他人造成损失的，依法承担赔偿责任。

第三十八条 违反本条例规定，发包方将建设工程勘察、设计业务发包给不具有相应资质等级的建设工程勘察、设计单位的，责令改正，处50万元以上100万元以下的罚款。

第三十九条 违反本条例规定，建设工程勘察、设计单位将所承揽的建设工程勘察、设计转包的，责令改正，没收违法所得，处合同约定的勘察费、设计费25%以上50%以下的罚款，可以责令停业整顿，降低资质等级；情节严重的，吊销资质证书。

第四十条 违反本条例规定，勘察、设计单位未依据项目批准文件，城乡规划及专业规划，国家规定的建设工程勘察、设计深度要求编制建设工程勘察、设计文件的，责令限期改正；逾期不改正的，处10万元以上30万元以下的罚款；造成工程质量事故或者环境污染和生态破坏的，责令停业整顿，降低资质等级；情节严重的，吊销资质证书；造成损失的，依法承担赔偿责任。

第四十一条 违反本条例规定，有下列行为之一的，依照《建设工程质量管理条例》第六十三条的规定给予处罚：

（一）勘察单位未按照工程建设强制性标准进行勘察的；

（二）设计单位未根据勘察成果文件进行工程设计的；

（三）设计单位指定建筑材料、建筑构配件的生产厂、供应商的；

（四）设计单位未按照工程建设强制性标准进行设计的。

第四十二条 本条例规定的责令停业整顿、降低资质等级和吊销资质证书、资格证书的行政处罚，由颁发资质证书、资格证书的机关决定；其他行政处罚，由建设行政主管部门或者其他有关部门依据法定职权范围决定。

依照本条例规定被吊销资质证书的，由工商行政管理部门吊销其营业执照。

第四十三条 国家机关工作人员在建设工程勘察、设计活动的监督管理工作中玩忽职守、滥用职权、徇私舞弊，构成犯罪的，依法追究刑事责任；尚不构成犯罪的，依法给予行政处分。

第七章　附　则

第四十四条　抢险救灾及其他临时性建筑和农民自建两层以下住宅的勘察、设计活动，不适用本条例。

第四十五条　军事建设工程勘察、设计的管理，按照中央军事委员会的有关规定执行。

第四十六条　本条例自公布之日起施行。

建设工程质量管理条例

中华人民共和国国务院令

第 687 号

现公布《国务院关于修改部分行政法规的决定》，自公布之日起施行。

总理 李克强

2017 年 10 月 7 日

（2000 年 1 月 10 日国务院第 25 次常务会议通过；根据 2017 年 10 月 7 日中华人民共和国国务院令第 687 号修改）

第一章 总 则

第一条 为了加强对建设工程质量的管理，保证建设工程质量，保护人民生命和财产安全，根据《中华人民共和国建筑法》，制定本条例。

第二条 凡在中华人民共和国境内从事建设工程的新建、扩建、改建等有关活动及实施对建设工程质量监督管理的，必须遵守本条例。

本条例所称建设工程，是指土木工程、建筑工程、线路管道和设备安装工程及装修工程。

第三条 建设单位、勘察单位、设计单位、施工单位、工程监理单位依法对建设工程质量负责。

第四条 县级以上人民政府建设行政主管部门和其他有关部门应当加强对建设工程质量的监督管理。

第五条 从事建设工程活动，必须严格执行基本建设程序，坚持先勘察、后设计、再施工的原则。

县级以上人民政府及其有关部门不得超越权限审批建设项目或者擅自简化基本建设程序。

第六条 国家鼓励采用先进的科学技术和管理方法，提高建设工程质量。

第二章 建设单位的
质量责任和义务

第七条 建设单位应当将工程发包给具有相应资质等级的单位。

建设单位不得将建设工程肢解发包。

第八条 建设单位应当依法对工程建设项目的勘察、设计、施工、监理以及与工程建设有关的重要设备、材料等的采购进行招标。

第九条 建设单位必须向有关的勘察、设计、施工、工程监理等单位提供与建设工程有关的原始资料。

原始资料必须真实、准确、齐全。

第十条 建设工程发包单位不得迫使承包方以低于成本的价格

竞标，不得任意压缩合理工期。

建设单位不得明示或者暗示设计单位或者施工单位违反工程建设强制性标准，降低建设工程质量。

第十一条 施工图设计文件审查的具体办法，由国务院建设行政主管部门、国务院其他有关部门制定。

施工图设计文件未经审查批准的，不得使用。

第十二条 实行监理的建设工程，建设单位应当委托具有相应资质等级的工程监理单位进行监理，也可以委托具有工程监理相应资质等级并与被监理工程的施工承包单位没有隶属关系或者其他利害关系的该工程的设计单位进行监理。

下列建设工程必须实行监理：

（一）国家重点建设工程；

（二）大中型公用事业工程；

（三）成片开发建设的住宅小区工程；

（四）利用外国政府或者国际组织贷款、援助资金的工程；

（五）国家规定必须实行监理的其他工程。

第十三条 建设单位在领取施工许可证或者开工报告前，应当按照国家有关规定办理工程质量监督手续。

第十四条 按照合同约定，由建设单位采购建筑材料、建筑构配件和设备的，建设单位应当保证建筑材料、建筑构配件和设备符合设计文件和合同要求。

建设单位不得明示或者暗示施工单位使用不合格的建筑材料、建筑构配件和设备。

第十五条 涉及建筑主体和承重结构变动的装修工程，建设单位应当在施工前委托原设计单位或者具有相应资质等级的设计单位提出设计方案；没有设计方案的，不得施工。

房屋建筑使用者在装修过程中，不得擅自变动房屋建筑主体和承重结构。

第十六条 建设单位收到建设工程竣工报告后，应当组织设计、施工、工程监理等有关单位进行竣工验收。

建设工程竣工验收应当具备下列条件：

（一）完成建设工程设计和合同约定的各项内容；

（二）有完整的技术档案和施工管理资料；

（三）有工程使用的主要建筑材料、建筑构配件和设备的进场试验报告；

（四）有勘察、设计、施工、工程监理等单位分别签署的质量合格文件；

（五）有施工单位签署的工程保修书。

建设工程经验收合格的，方可交付使用。

第十七条 建设单位应当严格按照国家有关档案管理的规定，及时收集、整理建设项目各环节的文件资料，建立、健全建设项目档案，并在建设工程竣工验收后，及时向建设行政主管部门或者其他有关部门移交建设项目档案。

第三章 勘察、设计单位的质量责任和义务

第十八条 从事建设工程勘察、设计的单位应当依法取得相应等级的资质证书，并在其资质等级许可的范围内承揽工程。

禁止勘察、设计单位超越其资质等级许可的范围或者以其他勘察、设计单位的名义承揽工程。禁止勘察、设计单位允许其他单位或者个人以本单位的名义承揽工程。

勘察、设计单位不得转包或者违法分包所承揽的工程。

第十九条 勘察、设计单位必须按照工程建设强制性标准进行勘察、设计，并对其勘察、设计的质量负责。

注册建筑师、注册结构工程师等注册执业人员应当在设计文件

上签字,对设计文件负责。

第二十条 勘察单位提供的地质、测量、水文等勘察成果必须真实、准确。

第二十一条 设计单位应当根据勘察成果文件进行建设工程设计。

设计文件应当符合国家规定的设计深度要求,注明工程合理使用年限。

第二十二条 设计单位在设计文件中选用的建筑材料、建筑构配件和设备,应当注明规格、型号、性能等技术指标,其质量要求必须符合国家规定的标准。

除有特殊要求的建筑材料、专用设备、工艺生产线等外,设计单位不得指定生产厂、供应商。

第二十三条 设计单位应当就审查合格的施工图设计文件向施工单位作出详细说明。

第二十四条 设计单位应当参与建设工程质量事故分析,并对因设计造成的质量事故,提出相应的技术处理方案。

第四章 施工单位的
质量责任和义务

第二十五条 施工单位应当依法取得相应等级的资质证书,并在其资质等级许可的范围内承揽工程。

禁止施工单位超越本单位资质等级许可的业务范围或者以其他施工单位的名义承揽工程。禁止施工单位允许其他单位或者个人以本单位的名义承揽工程。

施工单位不得转包或者违法分包工程。

第二十六条 施工单位对建设工程的施工质量负责。

施工单位应当建立质量责任制,确定工程项目的项目经理、技术负责人和施工管理负责人。

建设工程实行总承包的，总承包单位应当对全部建设工程质量负责；建设工程勘察、设计、施工、设备采购的一项或者多项实行总承包的，总承包单位应当对其承包的建设工程或者采购的设备的质量负责。

第二十七条 总承包单位依法将建设工程分包给其他单位的，分包单位应当按照分包合同的约定对其分包工程的质量向总承包单位负责，总承包单位与分包单位对分包工程的质量承担连带责任。

第二十八条 施工单位必须按照工程设计图纸和施工技术标准施工，不得擅自修改工程设计，不得偷工减料。

施工单位在施工过程中发现设计文件和图纸有差错的，应当及时提出意见和建议。

第二十九条 施工单位必须按照工程设计要求、施工技术标准和合同约定，对建筑材料、建筑构配件、设备和商品混凝土进行检验，检验应当有书面记录和专人签字；未经检验或者检验不合格的，不得使用。

第三十条 施工单位必须建立、健全施工质量的检验制度，严格工序管理，作好隐蔽工程的质量检查和记录。隐蔽工程在隐蔽前，施工单位应当通知建设单位和建设工程质量监督机构。

第三十一条 施工人员对涉及结构安全的试块、试件以及有关材料，应当在建设单位或者工程监理单位监督下现场取样，并送具有相应资质等级的质量检测单位进行检测。

第三十二条 施工单位对施工中出现质量问题的建设工程或者竣工验收不合格的建设工程，应当负责返修。

第三十三条 施工单位应当建立、健全教育培训制度，加强对职工的教育培训；未经教育培训或者考核不合格的人员，不得上岗作业。

第五章　工程监理单位的
质量责任和义务

第三十四条　工程监理单位应当依法取得相应等级的资质证书，并在其资质等级许可的范围内承担工程监理业务。

禁止工程监理单位超越本单位资质等级许可的范围或者以其他工程监理单位的名义承担工程监理业务。禁止工程监理单位允许其他单位或者个人以本单位的名义承担工程监理业务。

工程监理单位不得转让工程监理业务。

第三十五条　工程监理单位与被监理工程的施工承包单位以及建筑材料、建筑构配件和设备供应单位有隶属关系或者其他利害关系的，不得承担该项建设工程的监理业务。

第三十六条　工程监理单位应当依照法律、法规以及有关技术标准、设计文件和建设工程承包合同，代表建设单位对施工质量实施监理，并对施工质量承担监理责任。

第三十七条　工程监理单位应当选派具备相应资格的总监理工程师和监理工程师进驻施工现场。

未经监理工程师签字，建筑材料、建筑构配件和设备不得在工程上使用或者安装，施工单位不得进行下一道工序的施工。未经总监理工程师签字，建设单位不拨付工程款，不进行竣工验收。

第三十八条　监理工程师应当按照工程监理规范的要求，采取旁站、巡视和平行检验等形式，对建设工程实施监理。

第六章　建设工程质量保修

第三十九条　建设工程实行质量保修制度。

建设工程承包单位在向建设单位提交工程竣工验收报告时，应当向建设单位出具质量保修书。质量保修书中应当明确建设工程的保修范围、保修期限和保修责任等。

第四十条 在正常使用条件下，建设工程的最低保修期限为：

（一）基础设施工程、房屋建筑的地基基础工程和主体结构工程，为设计文件规定的该工程的合理使用年限；

（二）屋面防水工程、有防水要求的卫生间、房间和外墙面的防渗漏，为5年；

（三）供热与供冷系统，为2个采暖期、供冷期；

（四）电气管线、给排水管道、设备安装和装修工程，为2年。

其他项目的保修期限由发包方与承包方约定。

建设工程的保修期，自竣工验收合格之日起计算。

第四十一条 建设工程在保修范围和保修期限内发生质量问题的，施工单位应当履行保修义务，并对造成的损失承担赔偿责任。

第四十二条 建设工程在超过合理使用年限后需要继续使用的，产权所有人应当委托具有相应资质等级的勘察、设计单位鉴定，并根据鉴定结果采取加固、维修等措施，重新界定使用期。

第七章 监督管理

第四十三条 国家实行建设工程质量监督管理制度。

国务院建设行政主管部门对全国的建设工程质量实施统一监督管理。国务院铁路、交通、水利等有关部门按照国务院规定的职责分工，负责对全国的有关专业建设工程质量的监督管理。

县级以上地方人民政府建设行政主管部门对本行政区域内的建设工程质量实施监督管理。县级以上地方人民政府交通、水利等有关部门在各自的职责范围内，负责对本行政区域内的专业建设工程质量的监督管理。

第四十四条 国务院建设行政主管部门和国务院铁路、交通、水利等有关部门应当加强对有关建设工程质量的法律、法规和强制性标准执行情况的监督检查。

第四十五条　国务院发展计划部门按照国务院规定的职责，组织稽察特派员，对国家出资的重大建设项目实施监督检查。

国务院经济贸易主管部门按照国务院规定的职责，对国家重大技术改造项目实施监督检查。

第四十六条　建设工程质量监督管理，可以由建设行政主管部门或者其他有关部门委托的建设工程质量监督机构具体实施。

从事房屋建筑工程和市政基础设施工程质量监督的机构，必须按照国家有关规定经国务院建设行政主管部门或者省、自治区、直辖市人民政府建设行政主管部门考核；从事专业建设工程质量监督的机构，必须按照国家有关规定经国务院有关部门或者省、自治区、直辖市人民政府有关部门考核。经考核合格后，方可实施质量监督。

第四十七条　县级以上地方人民政府建设行政主管部门和其他有关部门应当加强对有关建设工程质量的法律、法规和强制性标准执行情况的监督检查。

第四十八条　县级以上人民政府建设行政主管部门和其他有关部门履行监督检查职责时，有权采取下列措施：

（一）要求被检查的单位提供有关工程质量的文件和资料；

（二）进入被检查单位的施工现场进行检查；

（三）发现有影响工程质量的问题时，责令改正。

第四十九条　建设单位应当自建设工程竣工验收合格之日起15日内，将建设工程竣工验收报告和规划、公安消防、环保等部门出具的认可文件或者准许使用文件报建设行政主管部门或者其他有关部门备案。

建设行政主管部门或者其他有关部门发现建设单位在竣工验收过程中有违反国家有关建设工程质量管理规定行为的，责令停止使用，重新组织竣工验收。

第五十条 有关单位和个人对县级以上人民政府建设行政主管部门和其他有关部门进行的监督检查应当支持与配合，不得拒绝或者阻碍建设工程质量监督检查人员依法执行职务。

第五十一条 供水、供电、供气、公安消防等部门或者单位不得明示或者暗示建设单位、施工单位购买其指定的生产供应单位的建筑材料、建筑构配件和设备。

第五十二条 建设工程发生质量事故，有关单位应当在 24 小时内向当地建设行政主管部门和其他有关部门报告。对重大质量事故，事故发生地的建设行政主管部门和其他有关部门应当按照事故类别和等级向当地人民政府和上级建设行政主管部门和其他有关部门报告。

特别重大质量事故的调查程序按照国务院有关规定办理。

第五十三条 任何单位和个人对建设工程的质量事故、质量缺陷都有权检举、控告、投诉。

第八章 罚 则

第五十四条 违反本条例规定，建设单位将建设工程发包给不具有相应资质等级的勘察、设计、施工单位或者委托给不具有相应资质等级的工程监理单位的，责令改正，处 50 万元以上 100 万元以下的罚款。

第五十五条 违反本条例规定，建设单位将建设工程肢解发包的，责令改正，处工程合同价款百分之零点五以上百分之一以下的罚款；对全部或者部分使用国有资金的项目，并可以暂停项目执行或者暂停资金拨付。

第五十六条 违反本条例规定，建设单位有下列行为之一的，责令改正，处 20 万元以上 50 万元以下的罚款：

（一）迫使承包方以低于成本的价格竞标的；

（二）任意压缩合理工期的；

（三）明示或者暗示设计单位或者施工单位违反工程建设强制性标准，降低工程质量的；

（四）施工图设计文件未经审查或者审查不合格，擅自施工的；

（五）建设项目必须实行工程监理而未实行工程监理的；

（六）未按照国家规定办理工程质量监督手续的；

（七）明示或者暗示施工单位使用不合格的建筑材料、建筑构配件和设备的；

（八）未按照国家规定将竣工验收报告、有关认可文件或者准许使用文件报送备案的。

第五十七条 违反本条例规定，建设单位未取得施工许可证或者开工报告未经批准，擅自施工的，责令停止施工，限期改正，处工程合同价款百分之一以上百分之二以下的罚款。

第五十八条 违反本条例规定，建设单位有下列行为之一的，责令改正，处工程合同价款百分之二以上百分之四以下的罚款；造成损失的，依法承担赔偿责任：

（一）未组织竣工验收，擅自交付使用的；

（二）验收不合格，擅自交付使用的；

（三）对不合格的建设工程按照合格工程验收的。

第五十九条 违反本条例规定，建设工程竣工验收后，建设单位未向建设行政主管部门或者其他有关部门移交建设项目档案的，责令改正，处1万元以上10万元以下的罚款。

第六十条 违反本条例规定，勘察、设计、施工、工程监理单位超越本单位资质等级承揽工程的，责令停止违法行为，对勘察、设计单位或者工程监理单位处合同约定的勘察费、设计费或者监理酬金1倍以上2倍以下的罚款；对施工单位处工程合同价款百分之二以上百分之四以下的罚款，可以责令停业整顿，降低资质等级；

情节严重的，吊销资质证书；有违法所得的，予以没收。

未取得资质证书承揽工程的，予以取缔，依照前款规定处以罚款；有违法所得的，予以没收。

以欺骗手段取得资质证书承揽工程的，吊销资质证书，依照本条第一款规定处以罚款；有违法所得的，予以没收。

第六十一条　违反本条例规定，勘察、设计、施工、工程监理单位允许其他单位或者个人以本单位名义承揽工程的，责令改正，没收违法所得，对勘察、设计单位和工程监理单位处合同约定的勘察费、设计费和监理酬金1倍以上2倍以下的罚款；对施工单位处工程合同价款百分之二以上百分之四以下的罚款；可以责令停业整顿，降低资质等级；情节严重的，吊销资质证书。

第六十二条　违反本条例规定，承包单位将承包的工程转包或者违法分包的，责令改正，没收违法所得，对勘察、设计单位处合同约定的勘察费、设计费百分之二十五以上百分之五十以下的罚款；对施工单位处工程合同价款百分之零点五以上百分之一以下的罚款；可以责令停业整顿，降低资质等级；情节严重的，吊销资质证书。

工程监理单位转让工程监理业务的，责令改正，没收违法所得，处合同约定的监理酬金百分之二十五以上百分之五十以下的罚款；可以责令停业整顿，降低资质等级；情节严重的，吊销资质证书。

第六十三条　违反本条例规定，有下列行为之一的，责令改正，处10万元以上30万元以下的罚款：

（一）勘察单位未按照工程建设强制性标准进行勘察的；

（二）设计单位未根据勘察成果文件进行工程设计的；

（三）设计单位指定建筑材料、建筑构配件的生产厂、供应商的；

（四）设计单位未按照工程建设强制性标准进行设计的。

有前款所列行为，造成工程质量事故的，责令停业整顿，降低资质等级；情节严重的，吊销资质证书；造成损失的，依法承担赔偿责任。

第六十四条　违反本条例规定，施工单位在施工中偷工减料的，使用不合格的建筑材料、建筑构配件和设备的，或者有不按照工程设计图纸或者施工技术标准施工的其他行为的，责令改正，处工程合同价款百分之二以上百分之四以下的罚款；造成建设工程质量不符合规定的质量标准的，负责返工、修理，并赔偿因此造成的损失；情节严重的，责令停业整顿，降低资质等级或者吊销资质证书。

第六十五条　违反本条例规定，施工单位未对建筑材料、建筑构配件、设备和商品混凝土进行检验，或者未对涉及结构安全的试块、试件以及有关材料取样检测的，责令改正，处 10 万元以上 20 万元以下的罚款；情节严重的，责令停业整顿，降低资质等级或者吊销资质证书；造成损失的，依法承担赔偿责任。

第六十六条　违反本条例规定，施工单位不履行保修义务或者拖延履行保修义务的，责令改正，处 10 万元以上 20 万元以下的罚款，并对在保修期内因质量缺陷造成的损失承担赔偿责任。

第六十七条　工程监理单位有下列行为之一的，责令改正，处 50 万元以上 100 万元以下的罚款，降低资质等级或者吊销资质证书；有违法所得的，予以没收；造成损失的，承担连带赔偿责任：

（一）与建设单位或者施工单位串通，弄虚作假、降低工程质量的；

（二）将不合格的建设工程、建筑材料、建筑构配件和设备按照合格签字的。

第六十八条　违反本条例规定，工程监理单位与被监理工程的施工承包单位以及建筑材料、建筑构配件和设备供应单位有隶属关系或者其他利害关系承担该项建设工程的监理业务的，责令改正，处 5 万元以上 10 万元以下的罚款，降低资质等级或者吊销资质证书；有违法所得的，予以没收。

第六十九条　违反本条例规定，涉及建筑主体或者承重结构变动的装修工程，没有设计方案擅自施工的，责令改正，处 50 万元以上 100 万元以下的罚款；房屋建筑使用者在装修过程中擅自变动房屋建筑主体和承重结构的，责令改正，处 5 万元以上 10 万元以下的罚款。

有前款所列行为，造成损失的，依法承担赔偿责任。

第七十条　发生重大工程质量事故隐瞒不报、谎报或者拖延报告期限的，对直接负责的主管人员和其他责任人员依法给予行政处分。

第七十一条　违反本条例规定，供水、供电、供气、公安消防等部门或者单位明示或者暗示建设单位或者施工单位购买其指定的生产供应单位的建筑材料、建筑构配件和设备的，责令改正。

第七十二条　违反本条例规定，注册建筑师、注册结构工程师、监理工程师等注册执业人员因过错造成质量事故的，责令停止执业 1 年；造成重大质量事故的，吊销执业资格证书，5 年以内不予注册；情节特别恶劣的，终身不予注册。

第七十三条　依照本条例规定，给予单位罚款处罚的，对单位直接负责的主管人员和其他直接责任人员处单位罚款数额百分之五以上百分之十以下的罚款。

第七十四条　建设单位、设计单位、施工单位、工程监理单位违反国家规定，降低工程质量标准，造成重大安全事故，构成犯罪的，对直接责任人员依法追究刑事责任。

第七十五条　本条例规定的责令停业整顿，降低资质等级和吊销资质证书的行政处罚，由颁发资质证书的机关决定；其他行政处罚，由建设行政主管部门或者其他有关部门依照法定职权决定。

依照本条例规定被吊销资质证书的，由工商行政管理部门吊销其营业执照。

第七十六条 国家机关工作人员在建设工程质量监督管理工作中玩忽职守、滥用职权、徇私舞弊，构成犯罪的，依法追究刑事责任；尚不构成犯罪的，依法给予行政处分。

第七十七条 建设、勘察、设计、施工、工程监理单位的工作人员因调动工作、退休等原因离开该单位后，被发现在该单位工作期间违反国家有关建设工程质量管理规定，造成重大工程质量事故的，仍应当依法追究法律责任。

第九章 附 则

第七十八条 本条例所称肢解发包，是指建设单位将应当由一个承包单位完成的建设工程分解成若干部分发包给不同的承包单位的行为。

本条例所称违法分包，是指下列行为：

（一）总承包单位将建设工程分包给不具备相应资质条件的单位的；

（二）建设工程总承包合同中未有约定，又未经建设单位认可，承包单位将其承包的部分建设工程交由其他单位完成的；

（三）施工总承包单位将建设工程主体结构的施工分包给其他单位的；

（四）分包单位将其承包的建设工程再分包的。

本条例所称转包，是指承包单位承包建设工程后，不履行合同约定的责任和义务，将其承包的全部建设工程转给他人或者将其承包的全部建设工程肢解以后以分包的名义分别转给其他单位承包的行为。

第七十九条 本条例规定的罚款和没收的违法所得，必须全部上缴国库。

第八十条 抢险救灾及其他临时性房屋建筑和农民自建低层住宅的建设活动，不适用本条例。

第八十一条 军事建设工程的管理，按照中央军事委员会的有关规定执行。

第八十二条 本条例自发布之日起施行。

附　录

建设工程质量检测管理办法

中华人民共和国建设部令
第 141 号

《建设工程质量检测管理办法》已于 2005 年 8 月 23 日经第 71 次常务会议讨论通过，现予发布，自 2005 年 11 月 1 日起施行。

建设部部长
二○○五年九月二十八日

第一条　为了加强对建设工程质量检测的管理，根据《中华人民共和国建筑法》、《建设工程质量管理条例》，制定本办法。

第二条　申请从事对涉及建筑物、构筑物结构安全的试块、试件以及有关材料检测的工程质量检测机构资质，实施对建设工程质量检测活动的监督管理，应当遵守本办法。

本办法所称建设工程质量检测（以下简称质量检测），是指工程质量检测机构（以下简称检测机构）接受委托，依据国家有关法律、法规和工程建设强制性标准，对涉及结构安全项目的抽样检测和对进入施工现场的建筑材料、构配件的见证取样检测。

第三条　国务院建设主管部门负责对全国质量检测活动实施监

督管理，并负责制定检测机构资质标准。

省、自治区、直辖市人民政府建设主管部门负责对本行政区域内的质量检测活动实施监督管理，并负责检测机构的资质审批。

市、县人民政府建设主管部门负责对本行政区域内的质量检测活动实施监督管理。

第四条 检测机构是具有独立法人资格的中介机构。检测机构从事本办法附件一规定的质量检测业务，应当依据本办法取得相应的资质证书。

检测机构资质按照其承担的检测业务内容分为专项检测机构资质和见证取样检测机构资质。检测机构资质标准由附件二规定。

检测机构未取得相应的资质证书，不得承担本办法规定的质量检测业务。

第五条 申请检测资质的机构应当向省、自治区、直辖市人民政府建设主管部门提交下列申请材料：

（一）《检测机构资质申请表》一式三份；

（二）工商营业执照原件及复印件；

（三）与所申请检测资质范围相对应的计量认证证书原件及复印件；

（四）主要检测仪器、设备清单；

（五）技术人员的职称证书、身份证和社会保险合同的原件及复印件；

（六）检测机构管理制度及质量控制措施。

《检测机构资质申请表》由国务院建设主管部门制定式样。

第六条 省、自治区、直辖市人民政府建设主管部门在收到申请人的申请材料后，应当即时作出是否受理的决定，并向申请人出具书面凭证；申请材料不齐全或者不符合法定形式的，应当在 5 日内一次性告知申请人需要补正的全部内容。逾期不告知的，自收到申请材料之日起即为受理。

省、自治区、直辖市建设主管部门受理资质申请后，应当对申报材料进行审查，自受理之日起 20 个工作日内审批完毕并作出书面决定。对符合资质标准的，自作出决定之日起 10 个工作日内颁发《检测机构资质证书》，并报国务院建设主管部门备案。

第七条 《检测机构资质证书》应当注明检测业务范围，分为正本和副本，由国务院建设主管部门制定式样，正、副本具有同等法律效力。

第八条 检测机构资质证书有效期为 3 年。资质证书有效期满需要延期的，检测机构应当在资质证书有效期满 30 个工作日前申请办理延期手续。

检测机构在资质证书有效期内没有下列行为的，资质证书有效期届满时，经原审批机关同意，不再审查，资质证书有效期延期 3 年，由原审批机关在其资质证书副本上加盖延期专用章；检测机构在资质证书有效期内有下列行为之一的，原审批机关不予延期：

（一）超出资质范围从事检测活动的；

（二）转包检测业务的；

（三）涂改、倒卖、出租、出借或者以其他形式非法转让资质证书的；

（四）未按照国家有关工程建设强制性标准进行检测，造成质量安全事故或致使事故损失扩大的；

（五）伪造检测数据，出具虚假检测报告或者鉴定结论的。

第九条 检测机构取得检测机构资质后，不再符合相应资质标准的，省、自治区、直辖市人民政府建设主管部门根据利害关系人的请求或者依据职权，可以责令其限期改正；逾期不改的，可以撤回相应的资质证书。

第十条 任何单位和个人不得涂改、倒卖、出租、出借或者以其他形式非法转让资质证书。

第十一条 检测机构变更名称、地址、法定代表人、技术负责人，应当在 3 个月内到原审批机关办理变更手续。

第十二条 本办法规定的质量检测业务，由工程项目建设单位委托具有相应资质的检测机构进行检测。委托方与被委托方应当签订书面合同。

检测结果利害关系人对检测结果发生争议的，由双方共同认可的检测机构复检，复检结果由提出复检方报当地建设主管部门备案。

第十三条 质量检测试样的取样应当严格执行有关工程建设标准和国家有关规定，在建设单位或者工程监理单位监督下现场取样。提供质量检测试样的单位和个人，应当对试样的真实性负责。

第十四条 检测机构完成检测业务后，应当及时出具检测报告。检测报告经检测人员签字、检测机构法定代表人或者其授权的签字人签署，并加盖检测机构公章或者检测专用章后方可生效。检测报告经建设单位或者工程监理单位确认后，由施工单位归档。

见证取样检测的检测报告中应当注明见证人单位及姓名。

第十五条 任何单位和个人不得明示或者暗示检测机构出具虚假检测报告，不得篡改或者伪造检测报告。

第十六条 检测人员不得同时受聘于两个或者两个以上的检测机构。

检测机构和检测人员不得推荐或者监制建筑材料、构配件和设备。

检测机构不得与行政机关，法律、法规授权的具有管理公共事务职能的组织以及所检测工程项目相关的设计单位、施工单位、监理单位有隶属关系或者其他利害关系。

第十七条 检测机构不得转包检测业务。

检测机构跨省、自治区、直辖市承担检测业务的，应当向工程所在地的省、自治区、直辖市人民政府建设主管部门备案。

第十八条 检测机构应当对其检测数据和检测报告的真实性和

准确性负责。

检测机构违反法律、法规和工程建设强制性标准，给他人造成损失的，应当依法承担相应的赔偿责任。

第十九条　检测机构应当将检测过程中发现的建设单位、监理单位、施工单位违反有关法律、法规和工程建设强制性标准的情况，以及涉及结构安全检测结果的不合格情况，及时报告工程所在地建设主管部门。

第二十条　检测机构应当建立档案管理制度。检测合同、委托单、原始记录、检测报告应当按年度统一编号，编号应当连续，不得随意抽撤、涂改。

检测机构应当单独建立检测结果不合格项目台账。

第二十一条　县级以上地方人民政府建设主管部门应当加强对检测机构的监督检查，主要检查下列内容：

（一）是否符合本办法规定的资质标准；

（二）是否超出资质范围从事质量检测活动；

（三）是否有涂改、倒卖、出租、出借或者以其他形式非法转让资质证书的行为；

（四）是否按规定在检测报告上签字盖章，检测报告是否真实；

（五）检测机构是否按有关技术标准和规定进行检测；

（六）仪器设备及环境条件是否符合计量认证要求；

（七）法律、法规规定的其他事项。

第二十二条　建设主管部门实施监督检查时，有权采取下列措施：

（一）要求检测机构或者委托方提供相关的文件和资料；

（二）进入检测机构的工作场地（包括施工现场）进行抽查；

（三）组织进行比对试验以验证检测机构的检测能力；

（四）发现有不符合国家有关法律、法规和工程建设标准要求的检测行为时，责令改正。

第二十三条 建设主管部门在监督检查中为收集证据的需要，可以对有关试样和检测资料采取抽样取证的方法；在证据可能灭失或者以后难以取得的情况下，经部门负责人批准，可以先行登记保存有关试样和检测资料，并应当在 7 日内及时作出处理决定，在此期间，当事人或者有关人员不得销毁或者转移有关试样和检测资料。

第二十四条 县级以上地方人民政府建设主管部门，对监督检查中发现的问题应当按规定权限进行处理，并及时报告资质审批机关。

第二十五条 建设主管部门应当建立投诉受理和处理制度，公开投诉电话号码、通讯地址和电子邮件信箱。

检测机构违反国家有关法律、法规和工程建设标准规定进行检测的，任何单位和个人都有权向建设主管部门投诉。建设主管部门收到投诉后，应当及时核实并依据本办法对检测机构作出相应的处理决定，于 30 日内将处理意见答复投诉人。

第二十六条 违反本办法规定，未取得相应的资质，擅自承担本办法规定的检测业务的，其检测报告无效，由县级以上地方人民政府建设主管部门责令改正，并处 1 万元以上 3 万元以下的罚款。

第二十七条 检测机构隐瞒有关情况或者提供虚假材料申请资质的，省、自治区、直辖市人民政府建设主管部门不予受理或者不予行政许可，并给予警告，1 年之内不得再次申请资质。

第二十八条 以欺骗、贿赂等不正当手段取得资质证书的，由省、自治区、直辖市人民政府建设主管部门撤销其资质证书，3 年内不得再次申请资质证书；并由县级以上地方人民政府建设主管部门处以 1 万元以上 3 万元以下的罚款；构成犯罪的，依法追究刑事责任。

第二十九条 检测机构违反本办法规定，有下列行为之一的，由县级以上地方人民政府建设主管部门责令改正，可并处 1 万元以上 3 万元以下的罚款；构成犯罪的，依法追究刑事责任：

（一）超出资质范围从事检测活动的；

（二）涂改、倒卖、出租、出借、转让资质证书的；

（三）使用不符合条件的检测人员的；

（四）未按规定上报发现的违法违规行为和检测不合格事项的；

（五）未按规定在检测报告上签字盖章的；

（六）未按照国家有关工程建设强制性标准进行检测的；

（七）档案资料管理混乱，造成检测数据无法追溯的；

（八）转包检测业务的。

第三十条 检测机构伪造检测数据，出具虚假检测报告或者鉴定结论的，县级以上地方人民政府建设主管部门给予警告，并处 3 万元罚款；给他人造成损失的，依法承担赔偿责任；构成犯罪的，依法追究其刑事责任。

第三十一条 违反本办法规定，委托方有下列行为之一的，由县级以上地方人民政府建设主管部门责令改正，处 1 万元以上 3 万元以下的罚款：

（一）委托未取得相应资质的检测机构进行检测的；

（二）明示或暗示检测机构出具虚假检测报告，篡改或伪造检测报告的；

（三）弄虚作假送检试样的。

第三十二条 依照本办法规定，给予检测机构罚款处罚的，对检测机构的法定代表人和其他直接责任人员处罚款数额 5% 以上 10% 以下的罚款。

第三十三条 县级以上人民政府建设主管部门工作人员在质量检测管理工作中，有下列情形之一的，依法给予行政处分；构成犯罪的，依法追究刑事责任：

（一）对不符合法定条件的申请人颁发资质证书的；

（二）对符合法定条件的申请人不予颁发资质证书的；

（三）对符合法定条件的申请人未在法定期限内颁发资质证书的；

（四）利用职务上的便利，收受他人财物或者其他好处的；

（五）不依法履行监督管理职责，或者发现违法行为不予查处的。

第三十四条 检测机构和委托方应当按照有关规定收取、支付检测费用。没有收费标准的项目由双方协商收取费用。

第三十五条 水利工程、铁道工程、公路工程等工程中涉及结构安全的试块、试件及有关材料的检测按照有关规定，可以参照本办法执行。节能检测按照国家有关规定执行。

第三十六条 本规定自 2005 年 11 月 1 日起施行。

实施工程建设强制性
标准监督规定

中华人民共和国住房和城乡建设部令
第 23 号

《住房和城乡建设部关于修改〈市政公用设施抗灾设防管理规定〉等部门规章的决定》已经第 20 次部常务会议审议通过，现予发布，自发布之日起施行。

住房城乡建设部部长
2015 年 1 月 22 日

（2000 年 8 月 25 日建设部令第 81 号发布；根据 2015 年 1 月 22 日住房城乡建设部令第 23 号修正）

第一条 为加强工程建设强制性标准实施的监督工作，保证建设工程质量，保障人民的生命、财产安全，维护社会公共利益，根据《中华人民共和国标准化法》、《中华人民共和国标准化法实施条例》、《建设工程质量管理条例》等法律法规，制定本规定。

第二条 在中华人民共和国境内从事新建、扩建、改建等工程建设活动，必须执行工程建设强制性标准。

第三条 本规定所称工程建设强制性标准是指直接涉及工程质量、安全、卫生及环境保护等方面的工程建设标准强制性条文。

国家工程建设标准强制性条文由国务院住房城乡建设主管部门会同国务院有关主管部门确定。

第四条 国务院住房城乡建设主管部门负责全国实施工程建设

强制性标准的监督管理工作。

国务院有关主管部门按照国务院的职能分工负责实施工程建设强制性标准的监督管理工作。

县级以上地方人民政府住房城乡建设主管部门负责本行政区域内实施工程建设强制性标准的监督管理工作。

第五条 建设工程勘察、设计文件中规定采用的新技术、新材料，可能影响建设工程质量和安全，又没有国家技术标准的，应当由国家认可的检测机构进行试验、论证，出具检测报告，并经国务院有关主管部门或者省、自治区、直辖市人民政府有关主管部门组织的建设工程技术专家委员会审定后，方可使用。

工程建设中采用国际标准或者国外标准，现行强制性标准未作规定的，建设单位应当向国务院住房城乡建设主管部门或者国务院有关主管部门备案。

第六条 建设项目规划审查机关应当对工程建设规划阶段执行强制性标准的情况实施监督。

施工图设计文件审查单位应当对工程建设勘察、设计阶段执行强制性标准的情况实施监督。

建筑安全监督管理机构应当对工程建设施工阶段执行施工安全强制性标准的情况实施监督。

工程质量监督机构应当对工程建设施工、监理、验收等阶段执行强制性标准的情况实施监督。

第七条 建设项目规划审查机关、施工图设计文件审查单位、建筑安全监督管理机构、工程质量监督机构的技术人员必须熟悉、掌握工程建设强制性标准。

第八条 工程建设标准批准部门应当定期对建设项目规划审查机关、施工图设计文件审查单位、建筑安全监督管理机构、工程质量监督机构实施强制性标准的监督进行检查，对监督不力的单位和个人，给予通报批评，建议有关部门处理。

第九条　工程建设标准批准部门应当对工程项目执行强制性标准情况进行监督检查。监督检查可以采取重点检查、抽查和专项检查的方式。

第十条　强制性标准监督检查的内容包括：

（一）有关工程技术人员是否熟悉、掌握强制性标准；

（二）工程项目的规划、勘察、设计、施工、验收等是否符合强制性标准的规定；

（三）工程项目采用的材料、设备是否符合强制性标准的规定；

（四）工程项目的安全、质量是否符合强制性标准的规定；

（五）工程中采用的导则、指南、手册、计算机软件的内容是否符合强制性标准的规定。

第十一条　工程建设标准批准部门应当将强制性标准监督检查结果在一定范围内公告。

第十二条　工程建设强制性标准的解释由工程建设标准批准部门负责。

有关标准具体技术内容的解释，工程建设标准批准部门可以委托该标准的编制管理单位负责。

第十三条　工程技术人员应当参加有关工程建设强制性标准的培训，并可以计入继续教育学时。

第十四条　住房城乡建设主管部门或者有关主管部门在处理重大工程事故时，应当有工程建设标准方面的专家参加；工程事故报告应当包括是否符合工程建设强制性标准的意见。

第十五条　任何单位和个人对违反工程建设强制性标准的行为有权向住房城乡建设主管部门或者有关部门检举、控告、投诉。

第十六条　建设单位有下列行为之一的，责令改正，并处以20万元以上50万元以下的罚款：

（一）明示或者暗示施工单位使用不合格的建筑材料、建筑构配件和设备的；

（二）明示或者暗示设计单位或者施工单位违反工程建设强制性标准，降低工程质量的。

第十七条 勘察、设计单位违反工程建设强制性标准进行勘察、设计的，责令改正，并处以 10 万元以上 30 万元以下的罚款。

有前款行为，造成工程质量事故的，责令停业整顿，降低资质等级；情节严重的，吊销资质证书；造成损失的，依法承担赔偿责任。

第十八条 施工单位违反工程建设强制性标准的，责令改正，处工程合同价款 2%以上 4%以下的罚款；造成建设工程质量不符合规定的质量标准的，负责返工、修理，并赔偿因此造成的损失；情节严重的，责令停业整顿，降低资质等级或者吊销资质证书。

第十九条 工程监理单位违反强制性标准规定，将不合格的建设工程以及建筑材料、建筑构配件和设备按照合格签字的，责令改正，处 50 万元以上 100 万元以下的罚款，降低资质等级或者吊销资质证书；有违法所得的，予以没收；造成损失的，承担连带赔偿责任。

第二十条 违反工程建设强制性标准造成工程质量、安全隐患或者工程质量安全事故的，按照《建设工程质量管理条例》、《建设工程勘察设计管理条例》和《建设工程安全生产管理条例》的有关规定进行处罚。

第二十一条 有关责令停业整顿、降低资质等级和吊销资质证书的行政处罚，由颁发资质证书的机关决定；其他行政处罚，由住房城乡建设主管部门或者有关部门依照法定职权决定。

第二十二条 住房城乡建设主管部门和有关主管部门工作人员，玩忽职守、滥用职权、徇私舞弊的，给予行政处分；构成犯罪的，依法追究刑事责任。

第二十三条 本规定由国务院住房城乡建设主管部门负责解释。

第二十四条 本规定自发布之日起施行。

建设工程质量保证金管理办法

住房城乡建设部、财政部关于印发
建设工程质量保证金管理办法的通知
建质〔2017〕138号

党中央有关部门，国务院各部委、各直属机构，高法院，高检院，有关人民团体，各中央管理企业，各省、自治区、直辖市、计划单列市住房城乡建设厅（建委、建设局）、财政厅（局），新疆生产建设兵团建设局、财务局：

为贯彻落实国务院关于进一步清理规范涉企收费、切实减轻建筑业企业负担的精神，规范建设工程质量保证金管理，住房城乡建设部、财政部对《建设工程质量保证金管理办法》（建质〔2016〕295号）进行了修订。现印发给你们，请结合本地区、本部门实际认真贯彻执行。

中华人民共和国住房和城乡建设部
中华人民共和国财政部
2017年6月20日

第一条 为规范建设工程质量保证金管理，落实工程在缺陷责任期内的维修责任，根据《中华人民共和国建筑法》《建设工程质量管理条例》《国务院办公厅关于清理规范工程建设领域保证金的通知》和《基本建设财务管理规则》等相关规定，制定本办法。

第二条 本办法所称建设工程质量保证金（以下简称保证金）是指发包人与承包人在建设工程承包合同中约定，从应付的工程款中预留，用以保证承包人在缺陷责任期内对建设工程出现的缺陷进行维修的资金。

缺陷是指建设工程质量不符合工程建设强制性标准、设计文件，以及承包合同的约定。

缺陷责任期一般为1年，最长不超过2年，由发、承包双方在合同中约定。

第三条 发包人应当在招标文件中明确保证金预留、返还等内容，并与承包人在合同条款中对涉及保证金的下列事项进行约定：

（一）保证金预留、返还方式；

（二）保证金预留比例、期限；

（三）保证金是否计付利息，如计付利息，利息的计算方式；

（四）缺陷责任期的期限及计算方式；

（五）保证金预留、返还及工程维修质量、费用等争议的处理程序；

（六）缺陷责任期内出现缺陷的索赔方式；

（七）逾期返还保证金的违约金支付办法及违约责任。

第四条 缺陷责任期内，实行国库集中支付的政府投资项目，保证金的管理应按国库集中支付的有关规定执行。其他政府投资项目，保证金可以预留在财政部门或发包方。缺陷责任期内，如发包方被撤销，保证金随交付使用资产一并移交使用单位管理，由使用单位代行发包人职责。

社会投资项目采用预留保证金方式的，发、承包双方可以约定将保证金交由第三方金融机构托管。

第五条 推行银行保函制度，承包人可以银行保函替代预留保证金。

第六条 在工程项目竣工前，已经缴纳履约保证金的，发包人不得同时预留工程质量保证金。

采用工程质量保证担保、工程质量保险等其他保证方式的，发包人不得再预留保证金。

第七条 发包人应按照合同约定方式预留保证金，保证金总预留比例不得高于工程价款结算总额的3%。合同约定由承包人以银行保函替代预留保证金的，保函金额不得高于工程价款结算总额的3%。

第八条 缺陷责任期从工程通过竣工验收之日起计。由于承包人原因导致工程无法按规定期限进行竣工验收的，缺陷责任期从实际通过竣工验收之日起计。由于发包人原因导致工程无法按规定期限进行竣工验收的，在承包人提交竣工验收报告90天后，工程自动进入缺陷责任期。

第九条 缺陷责任期内，由承包人原因造成的缺陷，承包人应负责维修，并承担鉴定及维修费用。如承包人不维修也不承担费用，发包人可按合同约定从保证金或银行保函中扣除，费用超出保证金额的，发包人可按合同约定向承包人进行索赔。承包人维修并承担相应费用后，不免除对工程的损失赔偿责任。

由他人原因造成的缺陷，发包人负责组织维修，承包人不承担费用，且发包人不得从保证金中扣除费用。

第十条 缺陷责任期内，承包人认真履行合同约定的责任，到期后，承包人向发包人申请返还保证金。

第十一条 发包人在接到承包人返还保证金申请后，应于14天内会同承包人按照合同约定的内容进行核实。如无异议，发包人应当按照约定将保证金返还给承包人。对返还期限没有约定或者约定不明确的，发包人应当在核实后14天内将保证金返还承包人，逾期未返还的，依法承担违约责任。发包人在接到承包人返还保证金申请后14天内不予答复，经催告后14天内仍不予答复，视同认可承包人的返还保证金申请。

第十二条 发包人和承包人对保证金预留、返还以及工程维修质量、费用有争议的，按承包合同约定的争议和纠纷解决程序处理。

第十三条　建设工程实行工程总承包的，总承包单位与分包单位有关保证金的权利与义务的约定，参照本办法关于发包人与承包人相应权利与义务的约定执行。

第十四条　本办法由住房城乡建设部、财政部负责解释。

第十五条　本办法自 2017 年 7 月 1 日起施行，原《建设工程质量保证金管理办法》（建质〔2016〕295 号）同时废止。

水利部办公厅关于加强水利工程
建设监理工程师造价工程师质量
检测员管理的通知

办建管〔2017〕139号

各流域机构，各省、自治区、直辖市水利（水务）厅（局），各计划单列市水利（水务）局，新疆生产建设兵团水利局，各有关单位：

根据《国务院关于取消一批职业资格许可和认定事项的决定》和人力资源社会保障部公示的国家职业资格目录清单，水利工程建设监理工程师、水利工程造价工程师以及水利工程质量检测员（以下简称三类人员）纳入国家职业资格制度体系，实施统一管理。鉴于三类人员与水利工程建设质量和人民群众生命财产安全密切相关，在实施统一管理的新制度出台之前的过渡期，为确保水利工程建设质量和安全，保持从业人员队伍稳定，根据国家"放管服"改革精神，按照人力资源社会保障部《关于印发进一步减少和规范职业资格许可和认定事项改革方案的通知》（人社部发〔2017〕2号）和《关于集中治理职业资格证书挂靠行为的通知》有关要求，现就过渡期三类人员管理有关事项通知如下：

一、国务院取消部分职业资格许可认定事项前取得的水利工程建设监理工程师资格证书、水利工程造价工程师资格证书以及水利工程质量检测员资格证书，在实施统一管理新制度出台之前继续有效，新制度出台后，执行新制度。

二、取消水利工程建设总监理工程师职业资格。各监理单位可根据工作需要自行聘任满足工作要求的监理工程师担任总监理工程师。总监理工程师人数不再作为水利工程建设监理单位资质认定条件之一。

三、取消水利工程建设监理员职业资格。监理单位可根据工作需要自行聘任具有工程类相关专业学习和工作经历的人员担任监理员。

四、三类人员应受聘于一家单位执业，用人单位应与其签订劳动合同并及时缴纳养老、医疗、失业、工伤等法律法规规定缴纳的社会保险。

五、在资质审批、招投标和监督检查等工作过程中，需查验三类人员的资格证书、劳动合同、社会保险等资料时，各水利建设市场主体应如实提供。各流域机构和各级水行政主管部门应加强对三类人员执业情况的监督检查，发现三类人员不具备执业条件或存在职业资格证书挂靠行为、市场主体提交材料与实际情况不符等有关情形的，应责令其立即进行整改；对违反国家法律法规和水利部有关规定、构成不良行为后果的，在进行相应处罚的同时，计入不良行为记录。

六、《水利部办公厅关于取消水利工程建设监理工程师造价工程师质量检测员注册管理后加强后续管理工作的通知》（办建管〔2015〕201号）自本通知印发之日起废止。我部既往有关文件要求与本通知精神不一致的，按本通知执行。

特此通知。

水利部办公厅

2017 年 9 月 5 日

建设工程安全生产管理条例

中华人民共和国国务院令

第 393 号

《建设工程安全生产管理条例》已经 2003 年 11 月 12 日国务院第 28 次常务会议通过，现予公布，自 2004 年 2 月 1 日起施行。

总理　温家宝

二〇〇三年十一月二十四日

第一章　总　则

第一条　为了加强建设工程安全生产监督管理，保障人民群众生命和财产安全，根据《中华人民共和国建筑法》、《中华人民共和国安全生产法》，制定本条例。

第二条　在中华人民共和国境内从事建设工程的新建、扩建、改建和拆除等有关活动及实施对建设工程安全生产的监督管理，必须遵守本条例。

本条例所称建设工程，是指土木工程、建筑工程、线路管道和设备安装工程及装修工程。

第三条 建设工程安全生产管理，坚持安全第一、预防为主的方针。

第四条 建设单位、勘察单位、设计单位、施工单位、工程监理单位及其他与建设工程安全生产有关的单位，必须遵守安全生产法律、法规的规定，保证建设工程安全生产，依法承担建设工程安全生产责任。

第五条 国家鼓励建设工程安全生产的科学技术研究和先进技术的推广应用，推进建设工程安全生产的科学管理。

第二章 建设单位的安全责任

第六条 建设单位应当向施工单位提供施工现场及毗邻区域内供水、排水、供电、供气、供热、通信、广播电视等地下管线资料，气象和水文观测资料，相邻建筑物和构筑物、地下工程的有关资料，并保证资料的真实、准确、完整。

建设单位因建设工程需要，向有关部门或者单位查询前款规定的资料时，有关部门或者单位应当及时提供。

第七条 建设单位不得对勘察、设计、施工、工程监理等单位提出不符合建设工程安全生产法律、法规和强制性标准规定的要求，不得压缩合同约定的工期。

第八条 建设单位在编制工程概算时，应当确定建设工程安全作业环境及安全施工措施所需费用。

第九条 建设单位不得明示或者暗示施工单位购买、租赁、使用不符合安全施工要求的安全防护用具、机械设备、施工机具及配件、消防设施和器材。

第十条 建设单位在申请领取施工许可证时，应当提供建设工程有关安全施工措施的资料。

依法批准开工报告的建设工程，建设单位应当自开工报告批准之日起 15 日内，将保证安全施工的措施报送建设工程所在地的县级以上地方人民政府建设行政主管部门或者其他有关部门备案。

第十一条　建设单位应当将拆除工程发包给具有相应资质等级的施工单位。

建设单位应当在拆除工程施工 15 日前，将下列资料报送建设工程所在地的县级以上地方人民政府建设行政主管部门或者其他有关部门备案：

（一）施工单位资质等级证明；

（二）拟拆除建筑物、构筑物及可能危及毗邻建筑的说明；

（三）拆除施工组织方案；

（四）堆放、清除废弃物的措施。

实施爆破作业的，应当遵守国家有关民用爆炸物品管理的规定。

第三章　勘察、设计、工程监理及其他有关单位的安全责任

第十二条　勘察单位应当按照法律、法规和工程建设强制性标准进行勘察，提供的勘察文件应当真实、准确，满足建设工程安全生产的需要。

勘察单位在勘察作业时，应当严格执行操作规程，采取措施保证各类管线、设施和周边建筑物、构筑物的安全。

第十三条　设计单位应当按照法律、法规和工程建设强制性标准进行设计，防止因设计不合理导致生产安全事故的发生。

设计单位应当考虑施工安全操作和防护的需要，对涉及施工安全的重点部位和环节在设计文件中注明，并对防范生产安全事故提出指导意见。

采用新结构、新材料、新工艺的建设工程和特殊结构的建设工程，设计单位应当在设计中提出保障施工作业人员安全和预防生产安全事故的措施建议。

设计单位和注册建筑师等注册执业人员应当对其设计负责。

第十四条 工程监理单位应当审查施工组织设计中的安全技术措施或者专项施工方案是否符合工程建设强制性标准。

工程监理单位在实施监理过程中，发现存在安全事故隐患的，应当要求施工单位整改；情况严重的，应当要求施工单位暂时停止施工，并及时报告建设单位。施工单位拒不整改或者不停止施工的，工程监理单位应当及时向有关主管部门报告。

工程监理单位和监理工程师应当按照法律、法规和工程建设强制性标准实施监理，并对建设工程安全生产承担监理责任。

第十五条 为建设工程提供机械设备和配件的单位，应当按照安全施工的要求配备齐全有效的保险、限位等安全设施和装置。

第十六条 出租的机械设备和施工机具及配件，应当具有生产（制造）许可证、产品合格证。

出租单位应当对出租的机械设备和施工机具及配件的安全性能进行检测，在签订租赁协议时，应当出具检测合格证明。

禁止出租检测不合格的机械设备和施工机具及配件。

第十七条 在施工现场安装、拆卸施工起重机械和整体提升脚手架、模板等自升式架设设施，必须由具有相应资质的单位承担。

安装、拆卸施工起重机械和整体提升脚手架、模板等自升式架设设施，应当编制拆装方案、制定安全施工措施，并由专业技术人员现场监督。

施工起重机械和整体提升脚手架、模板等自升式架设设施安装完毕后，安装单位应当自检，出具自检合格证明，并向施工单位进行安全使用说明，办理验收手续并签字。

第十八条 施工起重机械和整体提升脚手架、模板等自升式架设设施的使用达到国家规定的检验检测期限的，必须经具有专业资质的检验检测机构检测。经检测不合格的，不得继续使用。

第十九条 检验检测机构对检测合格的施工起重机械和整体提升脚手架、模板等自升式架设设施，应当出具安全合格证明文件，并对检测结果负责。

第四章 施工单位的安全责任

第二十条 施工单位从事建设工程的新建、扩建、改建和拆除等活动，应当具备国家规定的注册资本、专业技术人员、技术装备和安全生产等条件，依法取得相应等级的资质证书，并在其资质等级许可的范围内承揽工程。

第二十一条 施工单位主要负责人依法对本单位的安全生产工作全面负责。施工单位应当建立健全安全生产责任制度和安全生产教育培训制度，制定安全生产规章制度和操作规程，保证本单位安全生产条件所需资金的投入，对所承担的建设工程进行定期和专项安全检查，并做好安全检查记录。

施工单位的项目负责人应当由取得相应执业资格的人员担任，对建设工程项目的安全施工负责，落实安全生产责任制度、安全生产规章制度和操作规程，确保安全生产费用的有效使用，并根据工程的特点组织制定安全施工措施，消除安全事故隐患，及时、如实报告生产安全事故。

第二十二条 施工单位对列入建设工程概算的安全作业环境及安全施工措施所需费用，应当用于施工安全防护用具及设施的采购和更新、安全施工措施的落实、安全生产条件的改善，不得挪作他用。

第二十三条 施工单位应当设立安全生产管理机构，配备专职安全生产管理人员。

专职安全生产管理人员负责对安全生产进行现场监督检查。发现安全事故隐患，应当及时向项目负责人和安全生产管理机构报告；对违章指挥、违章操作的，应当立即制止。

专职安全生产管理人员的配备办法由国务院建设行政主管部门会同国务院其他有关部门制定。

第二十四条 建设工程实行施工总承包的，由总承包单位对施工现场的安全生产负总责。

总承包单位应当自行完成建设工程主体结构的施工。

总承包单位依法将建设工程分包给其他单位的，分包合同中应当明确各自的安全生产方面的权利、义务。总承包单位和分包单位对分包工程的安全生产承担连带责任。

分包单位应当服从总承包单位的安全生产管理，分包单位不服从管理导致生产安全事故的，由分包单位承担主要责任。

第二十五条 垂直运输机械作业人员、安装拆卸工、爆破作业人员、起重信号工、登高架设作业人员等特种作业人员，必须按照国家有关规定经过专门的安全作业培训，并取得特种作业操作资格证书后，方可上岗作业。

第二十六条 施工单位应当在施工组织设计中编制安全技术措施和施工现场临时用电方案，对下列达到一定规模的危险性较大的分部分项工程编制专项施工方案，并附具安全验算结果，经施工单位技术负责人、总监理工程师签字后实施，由专职安全生产管理人员进行现场监督：

（一）基坑支护与降水工程；

（二）土方开挖工程；

（三）模板工程；

（四）起重吊装工程；

（五）脚手架工程；

（六）拆除、爆破工程；

（七）国务院建设行政主管部门或者其他有关部门规定的其他危险性较大的工程。

对前款所列工程中涉及深基坑、地下暗挖工程、高大模板工程的专项施工方案，施工单位还应当组织专家进行论证、审查。

本条第一款规定的达到一定规模的危险性较大工程的标准，由国务院建设行政主管部门会同国务院其他有关部门制定。

第二十七条 建设工程施工前，施工单位负责项目管理的技术人员应当对有关安全施工的技术要求向施工作业班组、作业人员作出详细说明，并由双方签字确认。

第二十八条 施工单位应当在施工现场入口处、施工起重机械、临时用电设施、脚手架、出入通道口、楼梯口、电梯井口、孔洞口、桥梁口、隧道口、基坑边沿、爆破物及有害危险气体和液体存放处等危险部位，设置明显的安全警示标志。安全警示标志必须符合国家标准。

施工单位应当根据不同施工阶段和周围环境及季节、气候的变化，在施工现场采取相应的安全施工措施。施工现场暂时停止施工的，施工单位应当做好现场防护，所需费用由责任方承担，或者按照合同约定执行。

第二十九条 施工单位应当将施工现场的办公、生活区与作业区分开设置，并保持安全距离；办公、生活区的选址应当符合安全性要求。职工的膳食、饮水、休息场所等应当符合卫生标准。施工单位不得在尚未竣工的建筑物内设置员工集体宿舍。

施工现场临时搭建的建筑物应当符合安全使用要求。施工现场使用的装配式活动房屋应当具有产品合格证。

第三十条 施工单位对因建设工程施工可能造成损害的毗邻建筑物、构筑物和地下管线等，应当采取专项防护措施。

施工单位应当遵守有关环境保护法律、法规的规定，在施工现场采取措施，防止或者减少粉尘、废气、废水、固体废物、噪声、振动和施工照明对人和环境的危害和污染。

在城市市区内的建设工程，施工单位应当对施工现场实行封闭围挡。

第三十一条 施工单位应当在施工现场建立消防安全责任制度，确定消防安全责任人，制定用火、用电、使用易燃易爆材料等各项消防安全管理制度和操作规程，设置消防通道、消防水源，配备消防设施和灭火器材，并在施工现场入口处设置明显标志。

第三十二条 施工单位应当向作业人员提供安全防护用具和安全防护服装，并书面告知危险岗位的操作规程和违章操作的危害。

作业人员有权对施工现场的作业条件、作业程序和作业方式中存在的安全问题提出批评、检举和控告，有权拒绝违章指挥和强令冒险作业。

在施工中发生危及人身安全的紧急情况时，作业人员有权立即停止作业或者在采取必要的应急措施后撤离危险区域。

第三十三条 作业人员应当遵守安全施工的强制性标准、规章制度和操作规程，正确使用安全防护用具、机械设备等。

第三十四条 施工单位采购、租赁的安全防护用具、机械设备、施工机具及配件，应当具有生产（制造）许可证、产品合格证，并在进入施工现场前进行查验。

施工现场的安全防护用具、机械设备、施工机具及配件必须由专人管理，定期进行检查、维修和保养，建立相应的资料档案，并按照国家有关规定及时报废。

第三十五条 施工单位在使用施工起重机械和整体提升脚手架、模板等自升式架设设施前，应当组织有关单位进行验收，也可以委托具有相应资质的检验检测机构进行验收；使用承租的机械设备和施工机具及配件的，由施工总承包单位、分包单位、出租单位和安装单位共同进行验收。验收合格的方可使用。

《特种设备安全监察条例》规定的施工起重机械，在验收前应当经有相应资质的检验检测机构监督检验合格。

施工单位应当自施工起重机械和整体提升脚手架、模板等自升式架设设施验收合格之日起 30 日内，向建设行政主管部门或者其他有关部门登记。登记标志应当置于或者附着于该设备的显著位置。

第三十六条 施工单位的主要负责人、项目负责人、专职安全生产管理人员应当经建设行政主管部门或者其他有关部门考核合格后方可任职。

施工单位应当对管理人员和作业人员每年至少进行一次安全生产教育培训，其教育培训情况记入个人工作档案。安全生产教育培训考核不合格的人员，不得上岗。

第三十七条 作业人员进入新的岗位或者新的施工现场前，应当接受安全生产教育培训。未经教育培训或者教育培训考核不合格的人员，不得上岗作业。

施工单位在采用新技术、新工艺、新设备、新材料时，应当对作业人员进行相应的安全生产教育培训。

第三十八条 施工单位应当为施工现场从事危险作业的人员办理意外伤害保险。

意外伤害保险费由施工单位支付。实行施工总承包的，由总承包单位支付意外伤害保险费。意外伤害保险期限自建设工程开工之日起至竣工验收合格止。

第五章 监督管理

第三十九条 国务院负责安全生产监督管理的部门依照《中华人民共和国安全生产法》的规定，对全国建设工程安全生产工作实施综合监督管理。

县级以上地方人民政府负责安全生产监督管理的部门依照《中

华人民共和国安全生产法》的规定，对本行政区域内建设工程安全生产工作实施综合监督管理。

第四十条　国务院建设行政主管部门对全国的建设工程安全生产实施监督管理。国务院铁路、交通、水利等有关部门按照国务院规定的职责分工，负责有关专业建设工程安全生产的监督管理。

县级以上地方人民政府建设行政主管部门对本行政区域内的建设工程安全生产实施监督管理。县级以上地方人民政府交通、水利等有关部门在各自的职责范围内，负责本行政区域内的专业建设工程安全生产的监督管理。

第四十一条　建设行政主管部门和其他有关部门应当将本条例第十条、第十一条规定的有关资料的主要内容抄送同级负责安全生产监督管理的部门。

第四十二条　建设行政主管部门在审核发放施工许可证时，应当对建设工程是否有安全施工措施进行审查，对没有安全施工措施的，不得颁发施工许可证。

建设行政主管部门或者其他有关部门对建设工程是否有安全施工措施进行审查时，不得收取费用。

第四十三条　县级以上人民政府负有建设工程安全生产监督管理职责的部门在各自的职责范围内履行安全监督检查职责时，有权采取下列措施：

（一）要求被检查单位提供有关建设工程安全生产的文件和资料；

（二）进入被检查单位施工现场进行检查；

（三）纠正施工中违反安全生产要求的行为；

（四）对检查中发现的安全事故隐患，责令立即排除；重大安全事故隐患排除前或者排除过程中无法保证安全的，责令从危险区域内撤出作业人员或者暂时停止施工。

第四十四条　建设行政主管部门或者其他有关部门可以将施工

现场的监督检查委托给建设工程安全监督机构具体实施。

第四十五条　国家对严重危及施工安全的工艺、设备、材料实行淘汰制度。具体目录由国务院建设行政主管部门会同国务院其他有关部门制定并公布。

第四十六条　县级以上人民政府建设行政主管部门和其他有关部门应当及时受理对建设工程生产安全事故及安全事故隐患的检举、控告和投诉。

第六章　生产安全事故的应急救援和调查处理

第四十七条　县级以上地方人民政府建设行政主管部门应当根据本级人民政府的要求，制定本行政区域内建设工程特大生产安全事故应急救援预案。

第四十八条　施工单位应当制定本单位生产安全事故应急救援预案，建立应急救援组织或者配备应急救援人员，配备必要的应急救援器材、设备，并定期组织演练。

第四十九条　施工单位应当根据建设工程施工的特点、范围，对施工现场易发生重大事故的部位、环节进行监控，制定施工现场生产安全事故应急救援预案。实行施工总承包的，由总承包单位统一组织编制建设工程生产安全事故应急救援预案，工程总承包单位和分包单位按照应急救援预案，各自建立应急救援组织或者配备应急救援人员，配备救援器材、设备，并定期组织演练。

第五十条　施工单位发生生产安全事故，应当按照国家有关伤亡事故报告和调查处理的规定，及时、如实地向负责安全生产监督管理的部门、建设行政主管部门或者其他有关部门报告；特种设备发生事故的，还应当同时向特种设备安全监督管理部门报告。接到报告的部门应当按照国家有关规定，如实上报。

实行施工总承包的建设工程，由总承包单位负责上报事故。

第五十一条 发生生产安全事故后，施工单位应当采取措施防止事故扩大，保护事故现场。需要移动现场物品时，应当做出标记和书面记录，妥善保管有关证物。

第五十二条 建设工程生产安全事故的调查、对事故责任单位和责任人的处罚与处理，按照有关法律、法规的规定执行。

第七章　法律责任

第五十三条 违反本条例的规定，县级以上人民政府建设行政主管部门或者其他有关行政管理部门的工作人员，有下列行为之一的，给予降级或者撤职的行政处分；构成犯罪的，依照刑法有关规定追究刑事责任：

（一）对不具备安全生产条件的施工单位颁发资质证书的；

（二）对没有安全施工措施的建设工程颁发施工许可证的；

（三）发现违法行为不予查处的；

（四）不依法履行监督管理职责的其他行为。

第五十四条 违反本条例的规定，建设单位未提供建设工程安全生产作业环境及安全施工措施所需费用的，责令限期改正；逾期未改正的，责令该建设工程停止施工。

建设单位未将保证安全施工的措施或者拆除工程的有关资料报送有关部门备案的，责令限期改正，给予警告。

第五十五条 违反本条例的规定，建设单位有下列行为之一的，责令限期改正，处20万元以上50万元以下的罚款；造成重大安全事故，构成犯罪的，对直接责任人员，依照刑法有关规定追究刑事责任；造成损失的，依法承担赔偿责任：

（一）对勘察、设计、施工、工程监理等单位提出不符合安全生产法律、法规和强制性标准规定的要求的；

（二）要求施工单位压缩合同约定的工期的；

（三）将拆除工程发包给不具有相应资质等级的施工单位的。

第五十六条　违反本条例的规定，勘察单位、设计单位有下列行为之一的，责令限期改正，处 10 万元以上 30 万元以下的罚款；情节严重的，责令停业整顿，降低资质等级，直至吊销资质证书；造成重大安全事故，构成犯罪的，对直接责任人员，依照刑法有关规定追究刑事责任；造成损失的，依法承担赔偿责任：

（一）未按照法律、法规和工程建设强制性标准进行勘察、设计的；

（二）采用新结构、新材料、新工艺的建设工程和特殊结构的建设工程，设计单位未在设计中提出保障施工作业人员安全和预防生产安全事故的措施建议的。

第五十七条　违反本条例的规定，工程监理单位有下列行为之一的，责令限期改正；逾期未改正的，责令停业整顿，并处 10 万元以上 30 万元以下的罚款；情节严重的，降低资质等级，直至吊销资质证书；造成重大安全事故，构成犯罪的，对直接责任人员，依照刑法有关规定追究刑事责任；造成损失的，依法承担赔偿责任：

（一）未对施工组织设计中的安全技术措施或者专项施工方案进行审查的；

（二）发现安全事故隐患未及时要求施工单位整改或者暂时停止施工的；

（三）施工单位拒不整改或者不停止施工，未及时向有关主管部门报告的；

（四）未依照法律、法规和工程建设强制性标准实施监理的。

第五十八条　注册执业人员未执行法律、法规和工程建设强制性标准的，责令停止执业 3 个月以上 1 年以下；情节严重的，吊销执业资格证书，5 年内不予注册；造成重大安全事故的，终身不予注册；构成犯罪的，依照刑法有关规定追究刑事责任。

第五十九条 违反本条例的规定，为建设工程提供机械设备和配件的单位，未按照安全施工的要求配备齐全有效的保险、限位等安全设施和装置的，责令限期改正，处合同价款1倍以上3倍以下的罚款；造成损失的，依法承担赔偿责任。

第六十条 违反本条例的规定，出租单位出租未经安全性能检测或者经检测不合格的机械设备和施工机具及配件的，责令停业整顿，并处5万元以上10万元以下的罚款；造成损失的，依法承担赔偿责任。

第六十一条 违反本条例的规定，施工起重机械和整体提升脚手架、模板等自升式架设设施安装、拆卸单位有下列行为之一的，责令限期改正，处5万元以上10万元以下的罚款；情节严重的，责令停业整顿，降低资质等级，直至吊销资质证书；造成损失的，依法承担赔偿责任：

（一）未编制拆装方案、制定安全施工措施的；

（二）未由专业技术人员现场监督的；

（三）未出具自检合格证明或者出具虚假证明的；

（四）未向施工单位进行安全使用说明，办理移交手续的。

施工起重机械和整体提升脚手架、模板等自升式架设设施安装、拆卸单位有前款规定的第（一）项、第（三）项行为，经有关部门或者单位职工提出后，对事故隐患仍不采取措施，因而发生重大伤亡事故或者造成其他严重后果，构成犯罪的，对直接责任人员，依照刑法有关规定追究刑事责任。

第六十二条 违反本条例的规定，施工单位有下列行为之一的，责令限期改正；逾期未改正的，责令停业整顿，依照《中华人民共和国安全生产法》的有关规定处以罚款；造成重大安全事故，构成犯罪的，对直接责任人员，依照刑法有关规定追究刑事责任：

（一）未设立安全生产管理机构、配备专职安全生产管理人员或者分部分项工程施工时无专职安全生产管理人员现场监督的；

（二）施工单位的主要负责人、项目负责人、专职安全生产管理人员、作业人员或者特种作业人员，未经安全教育培训或者经考核不合格即从事相关工作的；

（三）未在施工现场的危险部位设置明显的安全警示标志，或者未按照国家有关规定在施工现场设置消防通道、消防水源、配备消防设施和灭火器材的；

（四）未向作业人员提供安全防护用具和安全防护服装的；

（五）未按照规定在施工起重机械和整体提升脚手架、模板等自升式架设设施验收合格后登记的；

（六）使用国家明令淘汰、禁止使用的危及施工安全的工艺、设备、材料的。

第六十三条　违反本条例的规定，施工单位挪用列入建设工程概算的安全生产作业环境及安全施工措施所需费用的，责令限期改正，处挪用费用20%以上50%以下的罚款；造成损失的，依法承担赔偿责任。

第六十四条　违反本条例的规定，施工单位有下列行为之一的，责令限期改正；逾期未改正的，责令停业整顿，并处5万元以上10万元以下的罚款；造成重大安全事故，构成犯罪的，对直接责任人员，依照刑法有关规定追究刑事责任：

（一）施工前未对有关安全施工的技术要求作出详细说明的；

（二）未根据不同施工阶段和周围环境及季节、气候的变化，在施工现场采取相应的安全施工措施，或者在城市市区内的建设工程的施工现场未实行封闭围挡的；

（三）在尚未竣工的建筑物内设置员工集体宿舍的；

（四）施工现场临时搭建的建筑物不符合安全使用要求的；

（五）未对因建设工程施工可能造成损害的毗邻建筑物、构筑物和地下管线等采取专项防护措施的。

施工单位有前款规定第（四）项、第（五）项行为，造成损失的，依法承担赔偿责任。

第六十五条 违反本条例的规定，施工单位有下列行为之一的，责令限期改正；逾期未改正的，责令停业整顿，并处 10 万元以上 30 万元以下的罚款；情节严重的，降低资质等级，直至吊销资质证书；造成重大安全事故，构成犯罪的，对直接责任人员，依照刑法有关规定追究刑事责任；造成损失的，依法承担赔偿责任：

（一）安全防护用具、机械设备、施工机具及配件在进入施工现场前未经查验或者查验不合格即投入使用的；

（二）使用未经验收或者验收不合格的施工起重机械和整体提升脚手架、模板等自升式架设设施的；

（三）委托不具有相应资质的单位承担施工现场安装、拆卸施工起重机械和整体提升脚手架、模板等自升式架设设施的；

（四）在施工组织设计中未编制安全技术措施、施工现场临时用电方案或者专项施工方案的。

第六十六条 违反本条例的规定，施工单位的主要负责人、项目负责人未履行安全生产管理职责的，责令限期改正；逾期未改正的，责令施工单位停业整顿；造成重大安全事故、重大伤亡事故或者其他严重后果，构成犯罪的，依照刑法有关规定追究刑事责任。

作业人员不服管理、违反规章制度和操作规程冒险作业造成重大伤亡事故或者其他严重后果，构成犯罪的，依照刑法有关规定追究刑事责任。

施工单位的主要负责人、项目负责人有前款违法行为，尚不够刑事处罚的，处 2 万元以上 20 万元以下的罚款或者按照管理权限给予撤职处分；自刑罚执行完毕或者受处分之日起，5 年内不得担任任何施工单位的主要负责人、项目负责人。

第六十七条 施工单位取得资质证书后，降低安全生产条件的，责令限期改正；经整改仍未达到与其资质等级相适应的安全生产条件的，责令停业整顿，降低其资质等级直至吊销资质证书。

第六十八条　本条例规定的行政处罚，由建设行政主管部门或者其他有关部门依照法定职权决定。

违反消防安全管理规定的行为，由公安消防机构依法处罚。

有关法律、行政法规对建设工程安全生产违法行为的行政处罚决定机关另有规定的，从其规定。

第八章　附　则

第六十九条　抢险救灾和农民自建低层住宅的安全生产管理，不适用本条例。

第七十条　军事建设工程的安全生产管理，按照中央军事委员会的有关规定执行。

第七十一条　本条例自 2004 年 2 月 1 日起施行。

附 录

危险性较大的分部分项工程安全管理办法

关于印发《危险性较大的分部分项
工程安全管理办法》的通知
建质〔2009〕87号

各省、自治区住房和城乡建设厅，直辖市建委，江苏省、山东省建管局，新疆生产建设兵团建设局，中央管理的建筑企业：

为进一步规范和加强对危险性较大的分部分项工程安全管理，积极防范和遏制建筑施工生产安全事故的发生，我们组织修定了《危险性较大的分部分项工程安全管理办法》，现印发给你们，请遵照执行。

中华人民共和国住房和城乡建设部
二〇〇九年五月十三日

第一条 为加强对危险性较大的分部分项工程安全管理，明确安全专项施工方案编制内容，规范专家论证程序，确保安全专项施工方案实施，积极防范和遏制建筑施工生产安全事故的发生，依据《建设工程安全生产管理条例》及相关安全生产法律法规制定本办法。

第二条 本办法适用于房屋建筑和市政基础设施工程（以下简称"建筑工程"）的新建、改建、扩建、装修和拆除等建筑安全生产活动及安全管理。

第三条 本办法所称危险性较大的分部分项工程是指建筑工程在施工过程中存在的、可能导致作业人员群死群伤或造成重大不良社会影响的分部分项工程。。

危险性较大的分部分项工程安全专项施工方案（以下简称"专项方案"），是指施工单位在编制施工组织（总）设计的基础上，针对危险性较大的分部分项工程单独编制的安全技术措施文件。

第四条 建设单位在申请领取施工许可证或办理安全监督手续时，应当提供危险性较大的分部分项工程清单和安全管理措施。施工单位、监理单位应当建立危险性较大的分部分项工程安全管理制度。

第五条 施工单位应当在危险性较大的分部分项工程施工前编制专项方案；对于超过一定规模的危险性较大的分部分项工程，施工单位应当组织专家对专项方案进行论证。

第六条 建筑工程实行施工总承包的，专项方案应当由施工总承包单位组织编制。其中，起重机械安装拆卸工程、深基坑工程、附着式升降脚手架等专业工程实行分包的，其专项方案可由专业承包单位组织编制。

第七条 专项方案编制应当包括以下内容：

（一）工程概况：危险性较大的分部分项工程概况、施工平面布置、施工要求和技术保证条件。

（二）编制依据：相关法律、法规、规范性文件、标准、规范及图纸（国标图集）、施工组织设计等。

（三）施工计划：包括施工进度计划、材料与设备计划。

（四）施工工艺技术：技术参数、工艺流程、施工方法、检查验收等。

（五）施工安全保证措施：组织保障、技术措施、应急预案、监测监控等。

（六）劳动力计划：专职安全生产管理人员、特种作业人员等。

（七）计算书及相关图纸。

第八条 专项方案应当由施工单位技术部门组织本单位施工技术、安全、质量等部门的专业技术人员进行审核。经审核合格的，由施工单位技术负责人签字。实行施工总承包的，专项方案应当由总承包单位技术负责人及相关专业承包单位技术负责人签字。

不需专家论证的专项方案，经施工单位审核合格后报监理单位，由项目总监理工程师审核签字。

第九条 超过一定规模的危险性较大的分部分项工程专项方案应当由施工单位组织召开专家论证会。实行施工总承包的，由施工总承包单位组织召开专家论证会。

下列人员应当参加专家论证会：

（一）专家组成员；

（二）建设单位项目负责人或技术负责人；

（三）监理单位项目总监理工程师及相关人员；

（四）施工单位分管安全的负责人、技术负责人、项目负责人、项目技术负责人、专项方案编制人员、项目专职安全生产管理人员；

（五）勘察、设计单位项目技术负责人及相关人员。

第十条 专家组成员应当由 5 名及以上符合相关专业要求的专家组成。

本项目参建各方的人员不得以专家身份参加专家论证会。

第十一条 专家论证的主要内容：

（一）专项方案内容是否完整、可行；

（二）专项方案计算书和验算依据是否符合有关标准规范；

（三）安全施工的基本条件是否满足现场实际情况。

专项方案经论证后，专家组应当提交论证报告，对论证的内容提出明确的意见，并在论证报告上签字。该报告作为专项方案修改完善的指导意见。

第十二条 施工单位应当根据论证报告修改完善专项方案，并经施工单位技术负责人、项目总监理工程师、建设单位项目负责人签字后，方可组织实施。

实行施工总承包的，应当由施工总承包单位、相关专业承包单位技术负责人签字。

第十三条 专项方案经论证后需做重大修改的，施工单位应当按照论证报告修改，并重新组织专家进行论证。

第十四条 施工单位应当严格按照专项方案组织施工，不得擅自修改、调整专项方案。

如因设计、结构、外部环境等因素发生变化确需修改的，修改后的专项方案应当按本办法第八条重新审核。对于超过一定规模的危险性较大工程的专项方案，施工单位应当重新组织专家进行论证。

第十五条 专项方案实施前，编制人员或项目技术负责人应当向现场管理人员和作业人员进行安全技术交底。

第十六条 施工单位应当指定专人对专项方案实施情况进行现场监督和按规定进行监测。发现不按照专项方案施工的，应当要求其立即整改；发现有危及人身安全紧急情况的，应当立即组织作业人员撤离危险区域。

施工单位技术负责人应当定期巡查专项方案实施情况。

第十七条 对于按规定需要验收的危险性较大的分部分项工程，施工单位、监理单位应当组织有关人员进行验收。验收合格的，经施工单位项目技术负责人及项目总监理工程师签字后，方可进入下一道工序。

第十八条 监理单位应当将危险性较大的分部分项工程列入监理规划和监理实施细则，应当针对工程特点、周边环境和施工工艺等，制定安全监理工作流程、方法和措施。

第十九条　监理单位应当对专项方案实施情况进行现场监理；对不按专项方案实施的，应当责令整改，施工单位拒不整改的，应当及时向建设单位报告；建设单位接到监理单位报告后，应当立即责令施工单位停工整改；施工单位仍不停工整改的，建设单位应当及时向住房城乡建设主管部门报告。

第二十条　各地住房城乡建设主管部门应当按专业类别建立专家库。专家库的专业类别及专家数量应根据本地实际情况设置。

专家名单应当予以公示。

第二十一条　专家库的专家应当具备以下基本条件：

（一）诚实守信、作风正派、学术严谨；

（二）从事专业工作 15 年以上或具有丰富的专业经验；

（三）具有高级专业技术职称。

第二十二条　各地住房城乡建设主管部门应当根据本地区实际情况，制定专家资格审查办法和管理制度并建立专家诚信档案，及时更新专家库。

第二十三条　建设单位未按规定提供危险性较大的分部分项工程清单和安全管理措施，未责令施工单位停工整改的，未向住房城乡建设主管部门报告的；施工单位未按规定编制、实施专项方案的；监理单位未按规定审核专项方案或未对危险性较大的分部分项工程实施监理的；住房城乡建设主管部门应当依据有关法律法规予以处罚。

第二十四条　各地住房城乡建设主管部门可结合本地区实际，依照本办法制定实施细则。

第二十五条　本办法自颁布之日起实施。原《关于印发〈建筑施工企业安全生产管理机构设置及专职安全生产管理人员配备办法〉和〈危险性较大工程安全专项施工方案编制及专家论证审查办法〉的通知》（建质〔2004〕213 号）中的《危险性较大工程安全专项施工方案编制及专家论证审查办法》废止。

建筑施工企业主要负责人、项目负责人和专职安全生产管理人员安全生产管理规定

中华人民共和国住房和城乡建设部令

第 17 号

《建筑施工企业主要负责人、项目负责人和专职安全生产管理人员安全生产管理规定》已经第 13 次部常务会议审议通过，现予发布，自 2014 年 9 月 1 日起施行。

住房城乡建设部部长

2014 年 6 月 25 日

第一章　总　则

第一条　为了加强房屋建筑和市政基础设施工程施工安全监督管理，提高建筑施工企业主要负责人、项目负责人和专职安全生产管理人员（以下合称"安管人员"）的安全生产管理能力，根据《中华人民共和国安全生产法》、《建设工程安全生产管理条例》等法律法规，制定本规定。

第二条　在中华人民共和国境内从事房屋建筑和市政基础设施工程施工活动的建筑施工企业的"安管人员"，参加安全生产考核，履行安全生产责任，以及对其实施安全生产监督管理，应当符合本规定。

第三条　企业主要负责人，是指对本企业生产经营活动和安全生产工作具有决策权的领导人员。

项目负责人，是指取得相应注册执业资格，由企业法定代表人授权，负责具体工程项目管理的人员。

专职安全生产管理人员，是指在企业专职从事安全生产管理工作的人员，包括企业安全生产管理机构的人员和工程项目专职从事安全生产管理工作的人员。

第四条 国务院住房城乡建设主管部门负责对全国"安管人员"安全生产工作进行监督管理。

县级以上地方人民政府住房城乡建设主管部门负责对本行政区域内"安管人员"安全生产工作进行监督管理。

第二章 考核发证

第五条 "安管人员"应当通过其受聘企业，向企业工商注册地的省、自治区、直辖市人民政府住房城乡建设主管部门（以下简称考核机关）申请安全生产考核，并取得安全生产考核合格证书。安全生产考核不得收费。

第六条 申请参加安全生产考核的"安管人员"，应当具备相应文化程度、专业技术职称和一定安全生产工作经历，与企业确立劳动关系，并经企业年度安全生产教育培训合格。

第七条 安全生产考核包括安全生产知识考核和管理能力考核。

安全生产知识考核内容包括：建筑施工安全的法律法规、规章制度、标准规范，建筑施工安全管理基本理论等。

安全生产管理能力考核内容包括：建立和落实安全生产管理制度、辨识和监控危险性较大的分部分项工程、发现和消除安全事故隐患、报告和处置生产安全事故等方面的能力。

第八条 对安全生产考核合格的，考核机关应当在20个工作日内核发安全生产考核合格证书，并予以公告；对不合格的，应当通过"安管人员"所在企业通知本人并说明理由。

第九条 安全生产考核合格证书有效期为3年，证书在全国范围内有效。

证书式样由国务院住房城乡建设主管部门统一规定。

第十条 安全生产考核合格证书有效期届满需要延续的，"安管人员"应当在有效期届满前 3 个月内，由本人通过受聘企业向原考核机关申请证书延续。准予证书延续的，证书有效期延续 3 年。

对证书有效期内未因生产安全事故或者违反本规定受到行政处罚，信用档案中无不良行为记录，且已按规定参加企业和县级以上人民政府住房城乡建设主管部门组织的安全生产教育培训的，考核机关应当在受理延续申请之日起 20 个工作日内，准予证书延续。

第十一条 "安管人员"变更受聘企业的，应当与原聘用企业解除劳动关系，并通过新聘用企业到考核机关申请办理证书变更手续。考核机关应当在受理变更申请之日起 5 个工作日内办理完毕。

第十二条 "安管人员"遗失安全生产考核合格证书的，应当在公共媒体上声明作废，通过其受聘企业向原考核机关申请补办。考核机关应当在受理申请之日起 5 个工作日内办理完毕。

第十三条 "安管人员"不得涂改、倒卖、出租、出借或者以其他形式非法转让安全生产考核合格证书。

第三章 安全责任

第十四条 主要负责人对本企业安全生产工作全面负责，应当建立健全企业安全生产管理体系，设置安全生产管理机构，配备专职安全生产管理人员，保证安全生产投入，督促检查本企业安全生产工作，及时消除安全事故隐患，落实安全生产责任。

第十五条 主要负责人应当与项目负责人签订安全生产责任书，确定项目安全生产考核目标、奖惩措施，以及企业为项目提供的安全管理和技术保障措施。

工程项目实行总承包的，总承包企业应当与分包企业签订安全生产协议，明确双方安全生产责任。

第十六条 主要负责人应当按规定检查企业所承担的工程项目，考核项目负责人安全生产管理能力。发现项目负责人履职不到位的，应当责令其改正；必要时，调整项目负责人。检查情况应当记入企业和项目安全管理档案。

第十七条 项目负责人对本项目安全生产管理全面负责，应当建立项目安全生产管理体系，明确项目管理人员安全职责，落实安全生产管理制度，确保项目安全生产费用有效使用。

第十八条 项目负责人应当按规定实施项目安全生产管理，监控危险性较大分部分项工程，及时排查处理施工现场安全事故隐患，隐患排查处理情况应当记入项目安全管理档案；发生事故时，应当按规定及时报告并开展现场救援。

工程项目实行总承包的，总承包企业项目负责人应当定期考核分包企业安全生产管理情况。

第十九条 企业安全生产管理机构专职安全生产管理人员应当检查在建项目安全生产管理情况，重点检查项目负责人、项目专职安全生产管理人员履责情况，处理在建项目违规违章行为，并记入企业安全管理档案。

第二十条 项目专职安全生产管理人员应当每天在施工现场开展安全检查，现场监督危险性较大的分部分项工程安全专项施工方案实施。对检查中发现的安全事故隐患，应当立即处理；不能处理的，应当及时报告项目负责人和企业安全生产管理机构。项目负责人应当及时处理。检查及处理情况应当记入项目安全管理档案。

第二十一条 建筑施工企业应当建立安全生产教育培训制度，制定年度培训计划，每年对"安管人员"进行培训和考核，考核不合格的，不得上岗。培训情况应当记入企业安全生产教育培训档案。

第二十二条 建筑施工企业安全生产管理机构和工程项目应当按规定配备相应数量和相关专业的专职安全生产管理人员。危险性较大的分部分项工程施工时，应当安排专职安全生产管理人员现场监督。

第四章　监督管理

第二十三条　县级以上人民政府住房城乡建设主管部门应当依照有关法律法规和本规定，对"安管人员"持证上岗、教育培训和履行职责等情况进行监督检查。

第二十四条　县级以上人民政府住房城乡建设主管部门在实施监督检查时，应当有两名以上监督检查人员参加，不得妨碍企业正常的生产经营活动，不得索取或者收受企业的财物，不得谋取其他利益。

有关企业和个人对依法进行的监督检查应当协助与配合，不得拒绝或者阻挠。

第二十五条　县级以上人民政府住房城乡建设主管部门依法进行监督检查时，发现"安管人员"有违反本规定行为的，应当依法查处并将违法事实、处理结果或者处理建议告知考核机关。

第二十六条　考核机关应当建立本行政区域内"安管人员"的信用档案。违法违规行为、被投诉举报处理、行政处罚等情况应当作为不良行为记入信用档案，并按规定向社会公开。

"安管人员"及其受聘企业应当按规定向考核机关提供相关信息。

第五章　法律责任

第二十七条　"安管人员"隐瞒有关情况或者提供虚假材料申请安全生产考核的，考核机关不予考核，并给予警告；"安管人员"1年内不得再次申请考核。

"安管人员"以欺骗、贿赂等不正当手段取得安全生产考核合格证书的，由原考核机关撤销安全生产考核合格证书；"安管人员"3年内不得再次申请考核。

第二十八条　"安管人员"涂改、倒卖、出租、出借或者以其他形式非法转让安全生产考核合格证书的，由县级以上地方人民政府住房城乡建设主管部门给予警告，并处1000元以上5000元以下的罚款。

第二十九条 建筑施工企业未按规定开展"安管人员"安全生产教育培训考核，或者未按规定如实将考核情况记入安全生产教育培训档案的，由县级以上地方人民政府住房城乡建设主管部门责令限期改正，并处 2 万元以下的罚款。

第三十条 建筑施工企业有下列行为之一的，由县级以上人民政府住房城乡建设主管部门责令限期改正；逾期未改正的，责令停业整顿，并处 2 万元以下的罚款；导致不具备《安全生产许可证条例》规定的安全生产条件的，应当依法暂扣或者吊销安全生产许可证：

（一）未按规定设立安全生产管理机构的；

（二）未按规定配备专职安全生产管理人员的；

（三）危险性较大的分部分项工程施工时未安排专职安全生产管理人员现场监督的；

（四）"安管人员"未取得安全生产考核合格证书的。

第三十一条 "安管人员"未按规定办理证书变更的，由县级以上地方人民政府住房城乡建设主管部门责令限期改正，并处 1000 元以上 5000 元以下的罚款。

第三十二条 主要负责人、项目负责人未按规定履行安全生产管理职责的，由县级以上人民政府住房城乡建设主管部门责令限期改正；逾期未改正的，责令建筑施工企业停业整顿；造成生产安全事故或者其他严重后果的，按照《生产安全事故报告和调查处理条例》的有关规定，依法暂扣或者吊销安全生产考核合格证书；构成犯罪的，依法追究刑事责任。

主要负责人、项目负责人有前款违法行为，尚不够刑事处罚的，处 2 万元以上 20 万元以下的罚款或者按照管理权限给予撤职处分；自刑罚执行完毕或者受处分之日起，5 年内不得担任建筑施工企业的主要负责人、项目负责人。

第三十三条 专职安全生产管理人员未按规定履行安全生产管理职责的，由县级以上地方人民政府住房城乡建设主管部门责令限期改正，并处 1000 元以上 5000 元以下的罚款；造成生产安全事故或者其他严重后果的，按照《生产安全事故报告和调查处理条例》的有关规定，依法暂扣或者吊销安全生产考核合格证书；构成犯罪的，依法追究刑事责任。

第三十四条 县级以上人民政府住房城乡建设主管部门及其工作人员，有下列情形之一的，由其上级行政机关或者监察机关责令改正，对直接负责的主管人员和其他直接责任人员依法给予处分；构成犯罪的，依法追究刑事责任：

（一）向不具备法定条件的"安管人员"核发安全生产考核合格证书的；

（二）对符合法定条件的"安管人员"不予核发或者不在法定期限内核发安全生产考核合格证书的；

（三）对符合法定条件的申请不予受理或者未在法定期限内办理完毕的；

（四）利用职务上的便利，索取或者收受他人财物或者谋取其他利益的；

（五）不依法履行监督管理职责，造成严重后果的。

第六章 附 则

第三十五条 本规定自 2014 年 9 月 1 日起施行。

建筑施工企业主要负责人、项目负责人和专职安全生产管理人员安全生产管理规定实施意见

住房城乡建设部关于印发建筑施工企业主要负责人、项目负责人和专职安全生产管理人员安全生产管理规定实施意见的通知

各省、自治区住房城乡建设厅，直辖市建委，新疆生产建设兵团建设局：

为贯彻落实《建筑施工企业主要负责人、项目负责人和专职安全生产管理人员安全生产管理规定》（住房城乡建设部令第 17 号），进一步加强和规范对建筑施工企业主要负责人、项目负责人和专职安全生产管理人员的管理，我部组织制定了《建筑施工企业主要负责人、项目负责人和专职安全生产管理人员安全生产管理规定实施意见》，现印发给你们，请遵照执行。

中华人民共和国住房和城乡建设部

2015 年 12 月 10 日

为贯彻落实《建筑施工企业主要负责人、项目负责人和专职安全生产管理人员安全生产管理规定》（住房城乡建设部令第 17 号），制定本实施意见。

一、企业主要负责人的范围

企业主要负责人包括法定代表人、总经理（总裁）、分管安全生产的副总经理（副总裁）、分管生产经营的副总经理（副总裁）、

技术负责人、安全总监等。

二、专职安全生产管理人员的分类

专职安全生产管理人员分为机械、土建、综合三类。机械类专职安全生产管理人员可以从事起重机械、土石方机械、桩工机械等安全生产管理工作。土建类专职安全生产管理人员可以从事除起重机械、土石方机械、桩工机械等安全生产管理工作以外的安全生产管理工作。综合类专职安全生产管理人员可以从事全部安全生产管理工作。

新申请专职安全生产管理人员安全生产考核只可以在机械、土建、综合三类中选择一类。机械类专职安全生产管理人员在参加土建类安全生产管理专业考试合格后，可以申请取得综合类专职安全生产管理人员安全生产考核合格证书。土建类专职安全生产管理人员在参加机械类安全生产管理专业考试合格后，可以申请取得综合类专职安全生产管理人员安全生产考核合格证书。

三、申请安全生产考核应具备的条件

（一）申请建筑施工企业主要负责人安全生产考核，应当具备下列条件：

1. 具有相应的文化程度、专业技术职称（法定代表人除外）；

2. 与所在企业确立劳动关系；

3. 经所在企业年度安全生产教育培训合格。

（二）申请建筑施工企业项目负责人安全生产考核，应当具备下列条件：

1. 取得相应注册执业资格；

2. 与所在企业确立劳动关系；

3. 经所在企业年度安全生产教育培训合格。

（三）申请专职安全生产管理人员安全生产考核，应当具备下列条件：

1. 年龄已满18周岁未满60周岁，身体健康；

2. 具有中专（含高中、中技、职高）及以上文化程度或初级及以上技术职称；

3. 与所在企业确立劳动关系，从事施工管理工作两年以上；

4. 经所在企业年度安全生产教育培训合格。

四、安全生产考核的内容与方式

安全生产考核包括安全生产知识考核和安全生产管理能力考核。安全生产考核要点见附件1。

安全生产知识考核可采用书面或计算机答卷的方式；安全生产管理能力考核可采用现场实操考核或通过视频、图片等模拟现场考核方式。

机械类专职安全生产管理人员及综合类专职安全生产管理人员安全生产管理能力考核内容必须包括攀爬塔吊及起重机械隐患识别等。

五、安全生产考核合格证书的样式

建筑施工企业主要负责人、项目负责人和专职安全生产管理人员的安全生产考核合格证书由我部统一规定样式。主要负责人证书封皮为红色，项目负责人证书封皮为绿色，专职安全生产管理人员证书封皮为蓝色。

六、安全生产考核合格证书的编号

建筑施工企业主要负责人、项目负责人安全生产考核合格证书编号应遵照《关于建筑施工企业主要负责人、项目负责人和专职安全生产管理人员安全生产考核合格证书有关问题的通知》（建办质〔2004〕23号）有关规定。

专职安全生产管理人员安全生产考核合格证书按照下列规定编号：

（一）机械类专职安全生产管理人员，代码为C1，编号组成：省、自治区、直辖市简称+建安+C1+（证书颁发年份全称）+证书颁发当年流水次序号（7位），如京建安C1（2015）0000001；

（二）土建类专职安全生产管理人员，代码为 C2，编号组成：省、自治区、直辖市简称+建安+C2+（证书颁发年份全称）+证书颁发当年流水次序号（7 位），如京建安 C2（2015）0000001；

（三）综合类专职安全生产管理人员，代码为 C3，编号组成：省、自治区、直辖市简称+建安+C3+（证书颁发年份全称）+证书颁发当年流水次序号（7 位），如京建安 C3（2015）0000001。

七、安全生产考核合格证书的延续

建筑施工企业主要负责人、项目负责人和专职安全生产管理人员应当在安全生产考核合格证书有效期届满前 3 个月内，经所在企业向原考核机关申请证书延续。

符合下列条件的准予证书延续：

（一）在证书有效期内未因生产安全事故或者安全生产违法违规行为受到行政处罚；

（二）信用档案中无安全生产不良行为记录；

（三）企业年度安全生产教育培训合格，且在证书有效期内参加县级以上住房城乡建设主管部门组织的安全生产教育培训时间满 24 学时。

不符合证书延续条件的应当申请重新考核。不办理证书延续的，证书自动失效。

八、安全生产考核合格证书的换发

在本意见实施前已经取得专职安全生产管理人员安全生产考核合格证书且证书在有效期内的人员，经所在企业向原考核机关提出换发证书申请，可以选择换发土建类专职安全生产管理人员安全生产考核合格证书或者机械类专职安全生产管理人员安全生产考核合格证书。

九、安全生产考核合格证书的跨省变更

建筑施工企业主要负责人、项目负责人和专职安全生产管理人员跨省更换受聘企业的，应到原考核发证机关办理证书转出手续。

原考核发证机关应为其办理包含原证书有效期限等信息的证书转出证明。

建筑施工企业主要负责人、项目负责人和专职安全生产管理人员持相关证明通过新受聘企业到该企业工商注册所在地的考核发证机关办理新证书。新证书应延续原证书的有效期。

十、专职安全生产管理人员的配备

建筑施工企业应当按照《建筑施工企业安全生产管理机构设置及专职安全生产管理人员配备办法》（建质〔2008〕91号）的有关规定配备专职安全生产管理人员。建筑施工企业安全生产管理机构和建设工程项目中，应当既有可以从事起重机械、土石方机械、桩工机械等安全生产管理工作的专职安全生产管理人员，也有可以从事除起重机械、土石方机械、桩工机械等安全生产管理工作以外的安全生产管理工作的专职安全生产管理人员。

十一、安全生产考核合格证书的暂扣和撤销

建筑施工企业专职安全生产管理人员未按规定履行安全生产管理职责，导致发生一般生产安全事故的，考核机关应当暂扣其安全生产考核合格证书六个月以上一年以下。建筑施工企业主要负责人、项目负责人和专职安全生产管理人员未按规定履行安全生产管理职责，导致发生较大及以上生产安全事故的，考核机关应当撤销其安全生产考核合格证书。

十二、安全生产考核费用

建筑施工企业主要负责人、项目负责人和专职安全生产管理人员安全生产考核不得收取费用，考核工作所需相关费用，由省级人民政府住房城乡建设主管部门商同级财政部门予以保障。

公路水运工程施工企业主要负责人
和安全生产管理人员考核管理办法

交通运输部关于印发公路水运工程施工
企业主要负责人和安全生产管理人员
考核管理办法的通知
交安监发〔2016〕65号

各省、自治区、直辖市、新疆生产建设兵团交通运输厅
（局、委），长江航务管理局，长江口航道管理局：

现将《公路水运工程施工企业主要负责人和安全生产
管理人员考核管理办法》印发给你们，请遵照执行。

交通运输部

2016 年 4 月 8 日

第一条 为规范公路水运工程施工企业主要负责人和安全生产
管理人员（以下统称安管人员）的安全生产考核管理工作，根据
《安全生产法》《建设工程安全生产管理条例》《生产安全事故报告
和调查处理条例》《公路水运工程安全生产监督管理办法》，制定
本办法。

第二条 公路水运工程施工企业安管人员考核管理工作，应当
遵守本办法。

第三条 公路水运工程施工企业是指从事公路或水运工程领域
施工活动的法人单位。

施工企业主要负责人是指对本企业生产经营活动、安全生产工
作具有决策权的负责人，以及具体分管安全生产工作的负责人、企

业技术负责人。

施工企业安全生产管理人员是指企业授权的工程项目负责人、具体分管项目安全生产工作的负责人、项目技术负责人；企业或工程项目专职从事安全生产工作的管理人员。

第四条 交通运输部指导全国公路水运工程施工企业安管人员考核管理工作。制定相关规章制度和统一样式的安全生产考核合格证书及编号规则，规范有关考核工作，包括组织编制安全生产考核大纲和安全生产知识基础题库，建立和维护安管人员信息管理系统平台（以下简称管理系统）等。

省级交通运输主管部门负责本行政区域工商注册的公路水运工程施工企业安管人员考核的申请受理、考试组卷、组织考试等考核工作，以及核发、变更、注销等证书管理工作，并实施监督管理。也可委托有关机构负责具体考核工作。省级交通运输主管部门及委托的有关机构统称为考核部门。

安全生产考核不得收费，有关具体事务性工作可通过政府购买服务等方式实施。

第五条 安管人员应具备从事公路水运工程安全生产管理工作必要的安全生产知识和管理能力。应为与施工企业存在劳动关系，被正式任命或授权任命相关职务及岗位的在岗人员。经施工企业年度安全生产教育和培训合格，且上一年度至考核时无严重安全生产失信信息记录的，经考核部门考核合格，取得安全生产考核合格证书。

第六条 施工企业应当建立安管人员安全生产教育和培训制度并建立档案，按有关规定对安管人员进行年度安全生产教育和培训，保证其具备必要的安全生产知识和管理能力。

第七条 安全生产考核内容包括安全生产知识考核和管理能力考核。考核方式包括笔试或网络考试等，得分率不低于60%。

安全生产知识考核内容包括：国家或行业安全生产工作的基本

方针政策，安全生产方面的法律法规、规章制度和标准规范，安全生产基本理论和管理方法，公路（水运）工程安全生产技术等。

安全生产管理能力考核内容包括：公路（水运）工程安全生产组织管理或执行力、建立和执行安全生产管理制度、发现和消除安全事故隐患、报告和处置生产安全事故等。

第八条　申请考核人经所在施工企业通过管理系统向企业工商注册地的省（自治区、直辖市）人民政府交通运输主管部门提出申请考核材料。申请考核材料信息不全或信息内容不符合要求的，考核部门不予受理并告知企业理由，整改后可再次提交。

申请考核材料信息的真实性由申请考核人及其所在施工企业负责。

第九条　申请考核人的申请考核材料经考核部门审核合格后，对其进行考核。考核合格的，其考核结果须经 7 天公示，无异议的，在公示期满后 20 个工作日内由省级交通运输主管部门核发安全生产考核合格证书。对考核不合格的，应当通过企业通知本人并说明理由。

第十条　安全生产考核合格证书在全国范围内有效，省际之间不得重复考核，证书有效期为 3 年。

第十一条　安管人员从事公路水运工程安全生产管理工作时，应持有相应行业一个管理类别的安全生产考核合格证书。

第十二条　安管人员变更证书有关个人信息，应由其所在施工企业通过管理系统向考核部门申请。考核部门审核通过后，应在受理之日起 20 个工作日内办理完毕。

第十三条　安管人员工作调动的，原企业应在 5 个工作日内通过管理系统向相关考核部门办理调出注销申请。由新聘企业通过管理系统向相关考核部门办理调入登记申请。考核部门均应在受理之日起 10 个工作日内办理完毕。

第十四条　安管人员申请不同管理类别或行业类别考核的，由其所在施工企业通过管理系统向考核部门申请。考核合格的，给予核发相应管理类别或行业类别的安全生产考核合格证书，考核部门应在考核合格结果公示期满后 20 个工作日内办理完毕。

施工企业主要负责人的安全生产考核合格证书在公路行业和水运行业领域通用。

第十五条 各地考核部门应按照"属地监管"原则，将在本行政区域内从事施工活动的施工企业安管人员的安全生产失信信息录入管理系统。安管人员的考核部门依据管理系统中的安全生产失信信息依法对其进行处理。

安全生产失信信息包括：未履行法律法规规定的安全生产管理职责、存在违法违规行为受到行政处罚，以及在一般及以上等级生产安全事故中责任认定情况等信息。

第十六条 考核部门每 3 年对安管人员就其与施工企业劳动关系、相关职务及岗位存续，以及安全生产失信信息等方面开展 1 次复核工作。复核通过的，证书有效期予以延期 3 年；复核不通过的，证书有效期不予延期，应重新申请考核。

第十七条 安管人员及其所在施工企业不得通过隐瞒有关情况、提供虚假材料或非法手段获取安全生产考核合格证书，不得转让、涂改、倒卖、出租、出借安全生产考核合格证书。

第十八条 省级交通运输主管部门可根据本地实际，制定考核管理细则。

第十九条 本办法自 2016 年 4 月 8 日起施行，有效期 5 年。原《关于印发公路水运工程施工企业安全生产管理人员考核管理办法的通知》（交质监发〔2009〕757 号）同时废止。

建设项目环境保护管理条例

中华人民共和国国务院令

第 682 号

《国务院关于修改〈建设项目环境保护管理条例〉的决定》已经 2017 年 6 月 21 日国务院第 177 次常务会议通过，现予公布，自 2017 年 10 月 1 日起施行。

总理　李克强

2017 年 7 月 16 日

（1998 年 11 月 29 日中华人民共和国国务院令第 253 号发布根据 2017 年 7 月 16 日《国务院关于修改〈建设项目环境保护管理条例〉的决定》修订）

第一章　总　则

第一条　为了防止建设项目产生新的污染、破坏生态环境，制定本条例。

第二条　在中华人民共和国领域和中华人民共和国管辖的其他海域内建设对环境有影响的建设项目，适用本条例。

第三条　建设产生污染的建设项目，必须遵守污染物排放的国家标准和地方标准；在实施重点污染物排放总量控制的区域内，还必须符合重点污染物排放总量控制的要求。

第四条　工业建设项目应当采用能耗物耗小、污染物产生量少的清洁生产工艺，合理利用自然资源，防止环境污染和生态破坏。

第五条　改建、扩建项目和技术改造项目必须采取措施，治理与该项目有关的原有环境污染和生态破坏。

第二章　环境影响评价

第六条　国家实行建设项目环境影响评价制度。

第七条　国家根据建设项目对环境的影响程度，按照下列规定对建设项目的环境保护实行分类管理：

（一）建设项目对环境可能造成重大影响的，应当编制环境影响报告书，对建设项目产生的污染和对环境的影响进行全面、详细的评价；

（二）建设项目对环境可能造成轻度影响的，应当编制环境影响报告表，对建设项目产生的污染和对环境的影响进行分析或者专项评价；

（三）建设项目对环境影响很小，不需要进行环境影响评价的，应当填报环境影响登记表。

建设项目环境影响评价分类管理名录，由国务院环境保护行政主管部门在组织专家进行论证和征求有关部门、行业协会、企事业单位、公众等意见的基础上制定并公布。

第八条　建设项目环境影响报告书，应当包括下列内容：

（一）建设项目概况；

（二）建设项目周围环境现状；

（三）建设项目对环境可能造成影响的分析和预测；

（四）环境保护措施及其经济、技术论证；

（五）环境影响经济损益分析；

（六）对建设项目实施环境监测的建议；

（七）环境影响评价结论。

建设项目环境影响报告表、环境影响登记表的内容和格式，由国务院环境保护行政主管部门规定。

第九条 依法应当编制环境影响报告书、环境影响报告表的建设项目，建设单位应当在开工建设前将环境影响报告书、环境影响报告表报有审批权的环境保护行政主管部门审批；建设项目的环境影响评价文件未依法经审批部门审查或者审查后未予批准的，建设单位不得开工建设。

环境保护行政主管部门审批环境影响报告书、环境影响报告表，应当重点审查建设项目的环境可行性、环境影响分析预测评估的可靠性、环境保护措施的有效性、环境影响评价结论的科学性等，并分别自收到环境影响报告书之日起60日内、收到环境影响报告表之日起30日内，作出审批决定并书面通知建设单位。

环境保护行政主管部门可以组织技术机构对建设项目环境影响报告书、环境影响报告表进行技术评估，并承担相应费用；技术机构应当对其提出的技术评估意见负责，不得向建设单位、从事环境影响评价工作的单位收取任何费用。

依法应当填报环境影响登记表的建设项目，建设单位应当按照国务院环境保护行政主管部门的规定将环境影响登记表报建设项目所在地县级环境保护行政主管部门备案。

环境保护行政主管部门应当开展环境影响评价文件网上审批、备案和信息公开。

第十条 国务院环境保护行政主管部门负责审批下列建设项目

环境影响报告书、环境影响报告表：

（一）核设施、绝密工程等特殊性质的建设项目；

（二）跨省、自治区、直辖市行政区域的建设项目；

（三）国务院审批的或者国务院授权有关部门审批的建设项目。

前款规定以外的建设项目环境影响报告书、环境影响报告表的审批权限，由省、自治区、直辖市人民政府规定。

建设项目造成跨行政区域环境影响，有关环境保护行政主管部门对环境影响评价结论有争议的，其环境影响报告书或者环境影响报告表由共同上一级环境保护行政主管部门审批。

第十一条 建设项目有下列情形之一的，环境保护行政主管部门应当对环境影响报告书、环境影响报告表作出不予批准的决定：

（一）建设项目类型及其选址、布局、规模等不符合环境保护法律法规和相关法定规划；

（二）所在区域环境质量未达到国家或者地方环境质量标准，且建设项目拟采取的措施不能满足区域环境质量改善目标管理要求；

（三）建设项目采取的污染防治措施无法确保污染物排放达到国家和地方排放标准，或者未采取必要措施预防和控制生态破坏；

（四）改建、扩建和技术改造项目，未针对项目原有环境污染和生态破坏提出有效防治措施；

（五）建设项目的环境影响报告书、环境影响报告表的基础资料数据明显不实，内容存在重大缺陷、遗漏，或者环境影响评价结论不明确、不合理。

第十二条 建设项目环境影响报告书、环境影响报告表经批准后，建设项目的性质、规模、地点、采用的生产工艺或者防治污染、防止生态破坏的措施发生重大变动的，建设单位应当重新报批建设项目环境影响报告书、环境影响报告表。

建设项目环境影响报告书、环境影响报告表自批准之日起满 5

年，建设项目方开工建设的，其环境影响报告书、环境影响报告表应当报原审批部门重新审核。原审批部门应当自收到建设项目环境影响报告书、环境影响报告表之日起 10 日内，将审核意见书面通知建设单位；逾期未通知的，视为审核同意。

审核、审批建设项目环境影响报告书、环境影响报告表及备案环境影响登记表，不得收取任何费用。

第十三条 建设单位可以采取公开招标的方式，选择从事环境影响评价工作的单位，对建设项目进行环境影响评价。

任何行政机关不得为建设单位指定从事环境影响评价工作的单位，进行环境影响评价。

第十四条 建设单位编制环境影响报告书，应当依照有关法律规定，征求建设项目所在地有关单位和居民的意见。

第三章　环境保护设施建设

第十五条 建设项目需要配套建设的环境保护设施，必须与主体工程同时设计、同时施工、同时投产使用。

第十六条 建设项目的初步设计，应当按照环境保护设计规范的要求，编制环境保护篇章，落实防治环境污染和生态破坏的措施以及环境保护设施投资概算。

建设单位应当将环境保护设施建设纳入施工合同，保证环境保护设施建设进度和资金，并在项目建设过程中同时组织实施环境影响报告书、环境影响报告表及其审批部门审批决定中提出的环境保护对策措施。

第十七条 编制环境影响报告书、环境影响报告表的建设项目竣工后，建设单位应当按照国务院环境保护行政主管部门规定的标准和程序，对配套建设的环境保护设施进行验收，编制验收报告。

建设单位在环境保护设施验收过程中，应当如实查验、监测、记载建设项目环境保护设施的建设和调试情况，不得弄虚作假。

除按照国家规定需要保密的情形外，建设单位应当依法向社会公开验收报告。

第十八条 分期建设、分期投入生产或者使用的建设项目，其相应的环境保护设施应当分期验收。

第十九条 编制环境影响报告书、环境影响报告表的建设项目，其配套建设的环境保护设施经验收合格，方可投入生产或者使用；未经验收或者验收不合格的，不得投入生产或者使用。

前款规定的建设项目投入生产或者使用后，应当按照国务院环境保护行政主管部门的规定开展环境影响后评价。

第二十条 环境保护行政主管部门应当对建设项目环境保护设施设计、施工、验收、投入生产或者使用情况，以及有关环境影响评价文件确定的其他环境保护措施的落实情况，进行监督检查。

环境保护行政主管部门应当将建设项目有关环境违法信息记入社会诚信档案，及时向社会公开违法者名单。

第四章　法律责任

第二十一条 建设单位有下列行为之一的，依照《中华人民共和国环境影响评价法》的规定处罚：

（一）建设项目环境影响报告书、环境影响报告表未依法报批或者报请重新审核，擅自开工建设；

（二）建设项目环境影响报告书、环境影响报告表未经批准或者重新审核同意，擅自开工建设；

（三）建设项目环境影响登记表未依法备案。

第二十二条 违反本条例规定，建设单位编制建设项目初步设计未落实防治环境污染和生态破坏的措施以及环境保护设施投资概算，未将环境保护设施建设纳入施工合同，或者未依法开展环境影响后评价的，由建设项目所在地县级以上环境保护行政主管部门责令限期改正，处 5 万元以上 20 万元以下的罚款；逾期不改正的，处 20 万元以上 100 万元以下的罚款。

违反本条例规定，建设单位在项目建设过程中未同时组织实施环境影响报告书、环境影响报告表及其审批部门审批决定中提出的环境保护对策措施的，由建设项目所在地县级以上环境保护行政主管部门责令限期改正，处 20 万元以上 100 万元以下的罚款；逾期不改正的，责令停止建设。

第二十三条　违反本条例规定，需要配套建设的环境保护设施未建成、未经验收或者验收不合格，建设项目即投入生产或者使用，或者在环境保护设施验收中弄虚作假的，由县级以上环境保护行政主管部门责令限期改正，处 20 万元以上 100 万元以下的罚款；逾期不改正的，处 100 万元以上 200 万元以下的罚款；对直接负责的主管人员和其他责任人员，处 5 万元以上 20 万元以下的罚款；造成重大环境污染或者生态破坏的，责令停止生产或者使用，或者报经有批准权的人民政府批准，责令关闭。

违反本条例规定，建设单位未依法向社会公开环境保护设施验收报告的，由县级以上环境保护行政主管部门责令公开，处 5 万元以上 20 万元以下的罚款，并予以公告。

第二十四条　违反本条例规定，技术机构向建设单位、从事环境影响评价工作的单位收取费用的，由县级以上环境保护行政主管部门责令退还所收费用，处所收费用 1 倍以上 3 倍以下的罚款。

第二十五条　从事建设项目环境影响评价工作的单位，在环境影响评价工作中弄虚作假的，由县级以上环境保护行政主管部门处所收费用 1 倍以上 3 倍以下的罚款。

第二十六条　环境保护行政主管部门的工作人员徇私舞弊、滥用职权、玩忽职守，构成犯罪的，依法追究刑事责任；尚不构成犯罪的，依法给予行政处分。

第五章 附　则

第二十七条　流域开发、开发区建设、城市新区建设和旧区改建等区域性开发，编制建设规划时，应当进行环境影响评价。具体办法由国务院环境保护行政主管部门会同国务院有关部门另行规定。

第二十八条　海洋工程建设项目的环境保护管理，按照国务院关于海洋工程环境保护管理的规定执行。

第二十九条　军事设施建设项目的环境保护管理，按照中央军事委员会的有关规定执行。

第三十条　本条例自发布之日起施行。

附　录

建设项目环境影响后评价
管理办法（试行）

中华人民共和国环境保护部令
第 37 号

《建设项目环境影响后评价管理办法（试行）》已于 2015 年 4 月 2 日由环境保护部部务会议审议通过，现予公布，自 2016 年 1 月 1 日起施行。

环境保护部部长
2015 年 12 月 10 日

第一条　为规范建设项目环境影响后评价工作，根据《中华人民共和国环境影响评价法》，制定本办法。

第二条　本办法所称环境影响后评价，是指编制环境影响报告书的建设项目在通过环境保护设施竣工验收且稳定运行一定时期后，对其实际产生的环境影响以及污染防治、生态保护和风险防范措施的有效性进行跟踪监测和验证评价，并提出补救方案或者改进措施，提高环境影响评价有效性的方法与制度。

第三条　下列建设项目运行过程中产生不符合经审批的环境影响报告书情形的，应当开展环境影响后评价：

（一）水利、水电、采掘、港口、铁路行业中实际环境影响程度和范围较大，且主要环境影响在项目建成运行一定时期后逐步显现的建设项目，以及其他行业中穿越重要生态环境敏感区的建设项目；

（二）冶金、石化和化工行业中有重大环境风险，建设地点敏感，且持续排放重金属或者持久性有机污染物的建设项目；

（三）审批环境影响报告书的环境保护主管部门认为应当开展环境影响后评价的其他建设项目。

第四条 环境影响后评价应当遵循科学、客观、公正的原则，全面反映建设项目的实际环境影响，客观评估各项环境保护措施的实施效果。

第五条 建设项目环境影响后评价的管理，由审批该建设项目环境影响报告书的环境保护主管部门负责。

环境保护部组织制定环境影响后评价技术规范，指导跨行政区域、跨流域和重大敏感项目的环境影响后评价工作。

第六条 建设单位或者生产经营单位负责组织开展环境影响后评价工作，编制环境影响后评价文件，并对环境影响后评价结论负责。

建设单位或者生产经营单位可以委托环境影响评价机构、工程设计单位、大专院校和相关评估机构等编制环境影响后评价文件。编制建设项目环境影响报告书的环境影响评价机构，原则上不得承担该建设项目环境影响后评价文件的编制工作。

建设单位或者生产经营单位应当将环境影响后评价文件报原审批环境影响报告书的环境保护主管部门备案，并接受环境保护主管部门的监督检查。

第七条 建设项目环境影响后评价文件应当包括以下内容：

（一）建设项目过程回顾。包括环境影响评价、环境保护措施落实、环境保护设施竣工验收、环境监测情况，以及公众意见收集调查情况等；

（二）建设项目工程评价。包括项目地点、规模、生产工艺或者运行调度方式，环境污染或者生态影响的来源、影响方式、程度和范围等；

（三）区域环境变化评价。包括建设项目周围区域环境敏感目标变化、污染源或者其他影响源变化、环境质量现状和变化趋势分析等；

（四）环境保护措施有效性评估。包括环境影响报告书规定的污染防治、生态保护和风险防范措施是否适用、有效，能否达到国家或者地方相关法律、法规、标准的要求等；

（五）环境影响预测验证。包括主要环境要素的预测影响与实际影响差异，原环境影响报告书内容和结论有无重大漏项或者明显错误，持久性、累积性和不确定性环境影响的表现等；

（六）环境保护补救方案和改进措施；

（七）环境影响后评价结论。

第八条 建设项目环境影响后评价应当在建设项目正式投入生产或者运营后三至五年内开展。原审批环境影响报告书的环境保护主管部门也可以根据建设项目的环境影响和环境要素变化特征，确定开展环境影响后评价的时限。

第九条 建设单位或者生产经营单位可以对单个建设项目进行环境影响后评价，也可以对在同一行政区域、流域内存在叠加、累积环境影响的多个建设项目开展环境影响后评价。

第十条 建设单位或者生产经营单位完成环境影响后评价后，应当依法公开环境影响评价文件，接受社会监督。

第十一条 对未按规定要求开展环境影响后评价，或者不落实补救方案、改进措施的建设单位或者生产经营单位，审批该建设项目环境影响报告书的环境保护主管部门应当责令其限期改正，并向社会公开。

第十二条　环境保护主管部门可以依据环境影响后评价文件，对建设项目环境保护提出改进要求，并将其作为后续建设项目环境影响评价管理的依据。

第十三条　建设项目环境影响报告书经批准后，其性质、规模、地点、工艺或者环境保护措施发生重大变动的，依照《中华人民共和国环境影响评价法》第二十四条的规定执行，不适用本办法。

第十四条　本办法由环境保护部负责解释。

第十五条　本办法自 2016 年 1 月 1 日起施行。

人工鱼礁建设项目管理细则（试行）

农业部办公厅关于印发

《人工鱼礁建设项目管理细则（试行）》的通知

农办渔〔2017〕58 号

沿海各省、自治区、直辖市及计划单列市渔业主管厅（局）：

为加强国内渔业油价补贴转移支付专项资金支持人工鱼礁建设项目监管，确保人工鱼礁项目建设质量和资金使用安全，根据《财政部关于印发〈船舶报废拆解和船型标准化补助资金管理办法〉的通知》（财建〔2015〕977 号）和《农业部办公厅关于印发国内渔业捕捞和养殖业油价补贴政策调整相关实施方案的通知》（农办渔〔2015〕65 号），我部研究制定了《人工鱼礁建设项目管理细则（试行）》。现印发给你们，请认真贯彻执行。执行中如存在意见建议，请及时反馈。

农业部办公厅

2017 年 9 月 1 日

第一章 总 则

第一条 （编制目的）为加强国内渔业油价补贴转移支付专项资金（以下简称"补助资金"）支持人工鱼礁建设项目（以下简称"人工鱼礁项目"）管理，建立健全监督机制，确保人工鱼礁项目建设质量和资金使用安全，根据《财政部关于印发的通知》（财建〔2015〕977号）和《农业部办公厅关于印发国内渔业捕捞和养殖业油价补贴政策调整相关实施方案的通知》（农办渔〔2015〕65号），制定本办法。

第二条 （支持方向）人工鱼礁项目原则上应在国家级海洋牧场示范区内实施。

第三条 （创建项目）项目执行省（自治区、直辖市）及计划单列市当年未创建国家级海洋牧场示范区的，可申请使用油补调整资金支持创建1个项目（以下简称"创建项目"）。创建项目应优先安排有一定建设基础、项目实施后可以建成符合国家级海洋牧场示范区要求的海洋牧场建设单位，并且在项目实施方案中明确具体保障措施。

第四条 （补助内容）人工鱼礁项目补助内容包括：人工鱼礁的设计、建造和投放；配套的船艇、管理维护平台等日常管护设施和监测设备的购买；海藻场和海草床的种植修复；海洋牧场可视化、智能化、信息化建设；海洋牧场标识标志和宣传展示；项目前期准备和组织实施期间的本底调查、项目论证、招投标、监理、效果跟踪监测和评估等相关内容。

第五条 （补助金额）人工鱼礁项目补助标准按照农业部制定的国内渔业油价补贴政策调整专项转移支付项目年度实施方案执行。原则上国家级海洋牧场示范区人工鱼礁项目每个补助金额不超过2500万元，创建项目每个补助金额不超过2000万元。

第六条 （资金比例）用于人工鱼礁的补助资金不低于项目补助资金的 70%，海藻场和海草床种植修复补助资金不高于 15%，其他补助内容的总额不高于 15%。不适宜开展海藻场和海草床建设的区域，经专家论证后可以不予建设，相应补助资金应用于人工鱼礁建设。

第七条 （补助标准）人工鱼礁的补助标准（仅包括鱼礁的设计、建造和投放）为：构件礁每空方中央补助不超过 500 元，投石礁每空方中央补助不超过 200 元。支持船长大于 12 米经无害化处理后的废旧渔船改造建设人工鱼礁。海藻场和海草床种植修复补助标准（仅包括海藻海草购买和种植费用）为：中央补助不超过20 万元/公顷。

第八条 （补助时限）补助资金仅对人工鱼礁项目申报后新增建设内容予以补助，申报前建设的内容不予支持，也不得计入完成的项目任务量。

第二章 项目申报评审

第九条 （储备项目申报）人工鱼礁项目申报采取提前审查、储备申报的方式。农业部在每年年底前下发通知，组织各省（区、市）及计划单列市渔业主管部门（以下简称省级渔业主管部门）报送第二年人工鱼礁项目申报意向及实施方案。

第十条 （方案编制要求）项目实施方案应按照《人工鱼礁建设项目实施方案申报及编制要求》（附件 1）和《人工鱼礁建设项目实施方案编制模板》（附件 2）进行编制，深度要求参照基本建设项目的初步设计。

第十一条 （形式审查）农业部组织有关单位（以下简称"审查单位"）对申报单位、项目实施方案和前期手续等有关材料进行形式审查。形式审查不合格的，不得进入评审程序，由审查单位提出补充完善意见反馈省级渔业主管部门。

第十二条 （方案评审）对形式审查合格的项目，由农业部组织专家评审。专家组由 5 名专家组成，其中 3 名专家由农业部从海洋牧场建设专家咨询委员会中抽取，另外 2 名专家由申报项目所属省级渔业主管部门推荐。

第十三条 （评审回避）项目评审专家实行回避制度，凡属项目申报材料编制单位的专家或与项目实施有直接利害关系的人员不得作为专家组成员。

第十四条 （评审结果运用）评审要形成具体审查意见（内容包括详细的建设内容和资金需求），作为人工鱼礁项目的安排依据。评审意见应及时反馈省级渔业主管部门。

第十五条 （省级项目申报）按照项目资金申报要求，省级渔业主管部门会同同级财政部门提出年度项目资金申请，同时附农业部评审通过的项目实施方案（以下简称"实施方案"），于每年 3 月 20 日前上报农业部和财政部，抄送同级审计部门。项目上报前应向社会公示 7 天以上。

第十六条 （农业部审核）农业部对资金申请和实施方案审核后，根据省级渔业主管部门项目执行和绩效考评情况提出年度资金补助建议，报财政部审核，同时抄送审计署。

第十七条 （资金下达）财政部确定各省（区、市）项目数量和补助资金，并按预算管理有关规定及时将资金下达沿海各省（区、市）或计划单列市。

第三章　项目实施管理

第十八条 （总体实施方案）项目资金拨付后，省级渔业主管部门会同财政部门编制本省（区、市）人工鱼礁项目总体实施方案，并报农业部、财政部备案。总体实施方案（不同于具体项目实施方案）主要包括实施管理、督查验收和总结宣传等重要环节工作措施。

第十九条 （项目实施）省级渔业主管部门应督促项目实施单位按照实施方案抓紧组织实施，并要求其定期报送资金使用和建设工程量等实施进展情况。

第二十条 （工程监理）人工鱼礁建设实行工程监理和行政监督相结合，建设单位应委托工程监理单位对人工鱼礁礁体制作、安装和投放全过程进行监理。

第二十一条 （项目监督检查）县级以上渔业主管部门应加强对建设项目选址、设计、论证、实施等重点领域和环节的监督检查，严把招投标、质量管理和技术监督等关键环节，确保项目建设质量。

第二十二条 （项目监督管理）省级渔业主管部门应加强人工鱼礁项目的组织管理、任务落实和监督考核工作，重点做好项目实施单位确定、任务量核定、项目验收和公示等关键环节管理。

第二十三条 （档案管理）项目建设单位要建立可核查可追溯的详细档案，强化项目档案管理。在人工鱼礁投放施工时，应当留存全部影像资料、技术资料及投礁前后海区海底多波束侧扫资料。项目所有的批复文件、技术资料、设计施工及规章制度等资料要全部归档，永久保存。

第二十四条 （项目变更）人工鱼礁项目实施单位必须严格按照项目实施方案组织施工，有下列情形的，应经省级渔业主管部门审核并报农业部批准：

（一）变更建设主体；

（二）改变建设地点；

（三）改变人工鱼礁类型；

（四）工程量或投资额变动超过10%的；

（五）批准开工后超过一年未开工的。

有下列情况的，应报省级渔业主管部门批准：

（一）改变建设期限的；

（二）工程量或投资额变动不超过 10%的；

（三）不改变鱼礁类型仅改变鱼礁单体结构的。

第四章　项目验收

第二十五条　（项目验收准备）项目建设单位应在项目资金正式下达的两年内完成项目，并在项目完成后的 3 个月内准备好验收材料。主要包括：由具有资质的第三方单位出具的工程质量检测报告；由项目实施单位和设计单位、施工单位、监理单位出具的四方验收报告；由具有审计资质的第三方单位出具的专项审计意见。

第二十六条　（验收材料报送）验收材料准备齐全后，经县级渔业主管部门审核同意，逐级报省级渔业主管部门。

第二十七条　（项目验收）省级渔业主管部门应及时组织项目验收，验收标准为项目实施方案确定的内容。验收专家组由 5 名专家组成，其中 3 名专家由农业部从海洋牧场建设专家咨询委员会中随机抽取，2 名专家由省级渔业主管部门推荐。

第二十八条　（验收回避制度）项目验收专家选取实行回避制度，凡与项目实施有直接利害关系的个人不得作为专家组成员。

第二十九条　（验收结果）省级渔业主管部门在项目现场召开验收会议。验收会议设置合格和不合格两种结论。结论为不合格的，省级渔业主管部门应督促项目实施单位根据专家组意见进行整改，并经专家组同意后，方能确认为验收合格。

第三十条　（验收文件及公示）省级渔业主管部门收到专家组

出具的项目验收合格意见后，应向社会公示 7 天以上，公示无异议后及时出具验收合格文件，并报农业部备案。

第五章　项目资金监管和绩效评价

第三十一条　（项目资金管理）人工鱼礁项目实施单位要设置项目资金使用明细账，实行专账核算、专款专用，并严格遵守政府采购等相关财务管理规章制度，严禁弄虚作假套取国家资金。

第三十二条　（项目资金监管）省级渔业主管部门要配合财政部门加强人工鱼礁项目资金使用监管，建立健全监督机制，严格执行项目资金使用的相关规定和要求，不得挤占挪用专项资金，确保资金使用安全。

第三十三条　（项目绩效评价）农业部制定《人工鱼礁项目绩效评价方案》，组织各省开展项目绩效评价工作。省级渔业主管部门具体负责本省绩效评价工作。

第三十四条　（评价结果运用）绩效评价结果将与各省人工鱼礁项目安排相挂钩。

第三十五条　（信息报送）省级渔业主管部门应于每年 3 月、6 月、9 月、12 月 31 日前向农业部报送项目工作进展情况，每年年初向农业部报送上年度人工鱼礁项目总结报告。

第三十六条　（项目督查）农业部会同财政部适时对各地人工鱼礁项目资金管理和项目实施情况开展专项督查，各级渔业主管部门应配合财政部门和审计部门监督项目补助资金使用情况。

第三十七条　（处罚措施）对骗取、套取、贪污、挤占、挪用项目补助资金的行为，农业部将会同有关部门依照财务规定追究有关单位及其责任人的责任，涉嫌犯罪的，移交司法机关处理；对截留或挪用项目补助资金、不按实施方案建设内容进行建设、未能完成项目配套保障措施的，一经发现，农业部将减少或暂停安排所在地次年项目，并责令限期整改，情节严重的将予以通报。

第六章　附　则

第三十八条　本办法由农业部渔业渔政管理局负责解释。

第三十九条　本办法自发布之日起施行。

工程建设标准涉及
专利管理办法

住房城乡建设部办公厅关于印发

《工程建设标准涉及专利管理办法》的通知

建办标〔2017〕3号

国务院有关部门，各省、自治区住房城乡建设厅，直辖市建委及有关部门，新疆生产建设兵团建设局，国家人防办，中央军委后勤保障部军事设施建设局，有关单位：

为落实《国务院关于印发深化标准化工作改革方案的通知》（国发〔2015〕13号）和《住房城乡建设部关于印发深化工程建设标准化工作改革意见的通知》（建标〔2016〕166号）要求，规范工程建设标准涉及专利的管理，促进标准与新技术融合，提高标准水平，现将《工程建设标准涉及专利管理办法》印发给你们，请认真贯彻执行。

中华人民共和国住房和城乡建设部办公厅

2017年1月12日

第一章 总 则

第一条 为规范工程建设标准涉及专利的管理，鼓励创新和合理采用新技术，保护公众和专利权人及相关权利人合法权益，依据标准化法、专利法等有关规定制定本办法。

第二条 本办法适用于工程建设国家标准、行业标准和地方标准（以下统称标准）的立项、编制、实施过程中涉及专利相关事项的管理。

本办法所称专利包括有效的专利和专利申请。

第三条 标准中涉及的专利应当是必要专利，并应经工程实践检验，在该项标准适用范围内具有先进性和适用性。必要专利是指实施该标准必不可少的专利。

第四条 强制性标准一般不涉及收费许可使用的专利。

第五条 标准涉及专利相关事项的管理，应当坚持科学、公开、公平、公正、统一的原则。

第六条 国务院有关部门和省、自治区、直辖市人民政府有关部门，负责对所批准标准涉及专利相关事项的管理。

第二章 专利信息披露

第七条 提交标准立项申请的单位在立项申请时，应同时提交所申请标准涉及专利的检索情况。

第八条 在标准的初稿、征求意见稿、送审稿封面上，应当标注征集潜在专利信息的提示。在标准的初稿、征求意见稿、送审稿、报批稿前言中，应当标注标准涉及专利的信息。

第九条 在标准制修订任何阶段，标准起草单位或者个人应当及时向标准第一起草单位告知其拥有或知悉的必要专利，同时提供专利信息及相应证明材料，并对其真实性负责。

第十条　鼓励未参与标准起草的单位或者个人，在标准制修订任何阶段披露其拥有和知悉的必要专利，同时将专利信息及相应的证明材料提交标准第一起草单位，并对其真实性负责。

第十一条　标准第一起草单位应当及时核实本单位拥有及获得的专利信息，并对专利的必要性、先进性、适用性进行论证。

第十二条　任何单位或者个人可以直接将其知悉的专利信息和相关材料，寄送标准批准部门。

第三章　专利实施许可

第十三条　标准在制修订过程中涉及专利的，标准第一起草单位应当及时联系专利权人或者专利申请人，告知本标准制修订预计完成时间和商请签署专利实施许可声明的要求，并请专利权人或者专利申请人按照下列选项签署书面专利实施许可声明：

（一）同意在公平、合理、无歧视基础上，免费许可任何单位或者个人在实施该标准时实施其专利；

（二）同意在公平、合理、无歧视基础上，收费许可任何单位或者个人在实施该标准时实施其专利。

第十四条　未获得专利权人或者专利申请人签署的专利实施许可声明的，标准内容不得包括基于该专利的条款。

第十五条　当标准修订导致已签署的许可声明不再适用时，应当按照本办法的规定重新签署书面专利实施许可声明。当标准废止时，已签署的专利实施许可声明同时终止。

第十六条　对于已经向标准第一起草单位提交实施许可声明的专利，专利权人或者专利申请人转让或者转移该专利时，应当保证受让人同意受该专利实施许可声明的约束，并将专利转让或转移情况及相应证明材料书面告知标准第一起草单位。

第四章　涉及专利标准的批准和实施

第十七条　涉及专利的标准报批时，标准第一起草单位应当同时提交涉及专利的证明材料、专利实施许可声明、论证报告等相关文件。标准批准部门应当对标准第一起草单位提交的有关文件进行审核。

第十八条　标准发布后，对涉及专利但没有专利实施许可声明的，标准批准部门应当责成标准第一起草单位在规定时间内，获得专利权人或者专利申请人签署的专利实施许可声明，并提交标准批准部门。未能在规定时间内获得专利实施许可声明的，标准批准部门视情况采取暂停实施该标准、启动标准修订或废止程序等措施。

第十九条　标准发布后，涉及专利的信息发生变化时，标准第一起草单位应当及时提出处置方案，经标准批准部门审核后对该标准进行相应处置。

第二十条　标准实施过程中，涉及专利实施许可费问题，由标准使用人与专利权人或者专利申请人依据签署的专利实施许可声明协商处理。

第五章　附　　则

第二十一条　在标准制修订过程中引用涉及专利的标准条款时，应当按照本办法第三章的规定，由标准第一起草单位办理专利实施许可声明。

第二十二条 工程建设团体标准的立项、编制、实施过程中涉及专利相关事项可参照本办法执行。

第二十三条 本办法由住房城乡建设部负责解释。

第二十四条 本办法自 2017 年 6 月 1 日起实施。

水运建设市场监督管理办法

中华人民共和国交通运输部令

2016 年第 74 号

《水运建设市场监督管理办法》已于 2016 年 11 月 30 日经第 28 次部务会议通过，现予公布，自 2017 年 2 月 1 日起施行。

交通运输部部长

2016 年 12 月 6 日

第一章　总　则

第一条　为规范水运建设市场秩序，保障水运建设市场各方当事人合法权益，根据《中华人民共和国港口法》《中华人民共和国航道法》《中华人民共和国招标投标法》《建设工程质量管理条例》等法律、行政法规，制定本办法。

第二条　在中华人民共和国境内从事水运建设活动及对水运建设市场实施监督管理，适用本办法。

本办法所称水运建设，是指水路运输基础设施包括港口、码头、航道及相关设施等工程建设。

第三条 水运建设市场应当遵循公平公正、诚实守信的原则，建立和维护统一开放、竞争有序的市场秩序。禁止任何形式的地方保护和行业保护。

第四条 交通运输部主管全国水运建设市场的监督管理工作。

县级以上地方人民政府交通运输主管部门按照省、自治区、直辖市人民政府规定的职责负责本行政区域内水运建设市场的监督管理工作。

第五条 水运建设市场主体应当加强自律，完善内部管理制度，诚信经营，遵守职业道德，自觉维护市场秩序，履行社会责任，接受社会监督。

第六条 水运建设相关行业协会应当按照依法制定的章程开展活动，完善行业自律管理制度体系，加强行业自律和服务。

第七条 县级以上地方人民政府交通运输主管部门应当创新水运建设市场监管方式和监管手段，加强信息化应用和信用信息资源共享，实现与相关部门的协同监管。

第二章 水运建设市场主体及行为

第八条 水运建设市场主体应当严格遵守有关建设法律、法规、规章及相关规定，执行国家和行业建设标准，诚实守信。

本办法所称水运建设市场主体，包括水运建设项目单位、从业单位和相关从业人员。

本办法所称从业单位，包括从事水运建设勘察、设计、施工、监理、试验检测以及提供咨询、项目代建、招标代理等相关服务的单位。

本办法所称代建单位是指受项目单位委托从事建设项目管理

的单位。

第九条 法律、行政法规对水运建设市场主体的资质作出规定的，水运建设市场主体应当依法具备规定的资质要求。

从业单位在水运建设经营活动中，不得出借或者转让其资质证书，不得以他人名义承揽工程，不得超越资质等级承揽工程。

第十条 水运建设项目单位具备以下能力要求的，可以自行进行项目建设管理：

（一）项目主要负责人或者技术负责人具有与建设项目相适应的管理经验，至少在2个类似的水运建设项目的工程、技术、计划等关键岗位担任过负责人。技术负责人还应当具有相关专业的高级技术职称或者相应的技术能力；

（二）项目管理机构的设置和人员配备应当满足该项目管理需要。工程技术、质量、安全和财务等部门的负责人应当具有相应的项目管理经验，以及相应的中级以上技术职称或者相应的技术能力。

第十一条 项目单位不具备第十条规定的项目建设管理能力的，应当委托符合以下要求的代建单位进行项目建设管理：

（一）具有法人资格，机构设置和相关人员配备满足第十条规定的项目建设管理能力要求；

（二）具有类似水运建设或者管理相关业绩和良好的市场信誉；

（三）有满足水运建设质量、安全、环境保护等方面要求的管理制度。

项目单位选择代建单位时，应当从符合要求的代建单位中，优先选择业绩和信用良好、管理能力强的代建单位。

第十二条 鼓励满足本办法第十一条规定要求的水运建设管理单位及水运工程勘察、设计、施工、工程监理企业开展代建工作。

代建单位不得在所代建的项目中同时承担勘察、设计、施工、供应设备或者与以上单位有隶属关系及其他直接利益关系。

　　第十三条　代建单位依据合同开展代建工作，履行工程质量、安全、进度、工程计量、资金支付、环境保护等相关管理责任，承担项目档案及有关技术资料的收集、整理、归档等工作，负责质量缺陷责任期内的缺陷维修管理等工作。

　　第十四条　项目单位全面负责水运建设项目的建设管理，应当严格执行基本建设程序，不得违反或者擅自简化基本建设程序。

　　第十五条　水运建设项目实行招标投标的，应当严格遵守国家有关招标投标法律、法规、规章的规定，依法开展招标投标工作。水运建设市场主体不得弄虚作假，不得串通投标，不得以行贿等不合法手段谋取中标。

　　第十六条　水运建设项目实行设计施工总承包的，总承包单位应当加强设计与施工的协调，建立工程管理与协调制度，根据工程实际及时完善、优化设计，改进施工方案，合理调配设计和施工力量，完善质量保证体系。

　　总承包单位应当加强对分包工程的管理。选择的分包单位应当具备相应资格条件，并经项目单位同意，分包合同应当送项目单位。

　　第十七条　勘察、设计单位经项目单位同意，可以将工程设计中跨专业或者有特殊要求的勘察、设计工作分包给有相应资质条件的单位承担。勘察、设计单位对分包单位的分包工作承担连带责任。

　　施工单位经项目单位同意，可以将非主体、非关键性或者适合专业化施工的工程分包给具有相应资质条件的单位承担。施工单位对分包单位的分包工程承担连带责任。

　　项目单位应当加强对工程分包的管理。承包单位应当将施工分包合同报监理单位审查，并报项目单位备案。

　　监理工作不得分包或者转包。

　　第十八条　禁止承包单位将其承包的水运建设工程转包。禁止分包单位将其承包的水运建设工程再分包。

第十九条 水运建设各相关单位应当按照合同约定全面履行义务：

（一）项目单位应当按照合理工期组织项目实施，不得任意压缩合理工期和无故延长工期，并应当按照合同约定支付款项；不得明示或者暗示施工单位使用不合格的材料、构配件和设备；项目单位按照合同约定自行采购材料、构配件和设备的，应当保证其满足国家有关标准的规定，符合设计文件要求；

（二）勘察、设计单位应当按时提供勘察、设计资料和设计文件；除有特殊要求的材料、专用设备、工艺生产线等外，设计单位不得指定生产厂、供应商；工程实施过程中，设计单位应当按约定派驻设计代表，提供设计后续服务；

（三）施工单位应当合理组织施工，人员及施工设备应当及时到位；应当加强现场管理，确保工程质量、生产安全和合同工期，做到文明施工；

（四）工程监理单位应当按约定履行监理服务，建立相应的现场监理机构，对工程实施有效监理；

（五）试验检测机构应当依据试验检测标准和合同约定进行取样、试验和检测，提供真实、完整的试验检测数据、资料；

（六）提供水运建设咨询、项目代建、招标代理等相关服务的单位应当依据相关规定，规范办理受托事务，所提供的信息、数据、结论或者报告应当真实、准确；保守技术和商业秘密；不得与委托人的潜在合同当事方有隶属关系或者其他利益关系。

第二十条 项目单位和施工单位应当加强工程款管理，专款专用。项目单位对施工单位工程款使用情况进行监督检查时，施工单位应当积极配合，不得阻挠和拒绝。

施工单位应当及时足额支付农民工工资。

第二十一条 水运建设工程质量实行终身责任制，相关市场主体对工程质量在设计使用年限内承担相应责任。

项目单位对工程质量和安全管理负总责。代建单位按照合同约定对工程质量和安全负管理责任。勘察、设计单位对勘察、设计质量负责。施工单位对施工质量和安全负责。工程监理单位对工程项目的质量和安全生产负监理责任。其他市场主体对其提供的产品或者服务负相应责任。

第二十二条 与水运建设项目单位签订合同后，勘察、设计、施工单位的项目负责人和技术负责人、工程监理单位的总监理工程师等主要人员以及主要设备，未经项目单位同意不得变更。

项目单位同意变更前款规定的主要人员和主要设备的，变更后人员的资格能力及设备主要技术指标不得低于约定的条件。

第二十三条 水运建设注册执业人员应当按照相关法律、法规规定执业。不得有下列行为：

（一）出租、出借注册执业证书或者执业印章；

（二）超出注册执业范围或者聘用单位业务范围从事执业活动；

（三）在非本人负责完成的文件上签字或者盖章；

（四）法律、法规禁止的其他行为。

第二十四条 项目单位和施工、工程监理等单位应当采用信息化手段加强工程建设管理，对关键部位和隐蔽工程的施工过程进行监控记录，并将文字、图表、声像等各种形式的记录文件建档保存。

项目单位和施工、工程监理等单位应当按照国家有关规定，建立健全档案管理制度，加强档案管理，及时、准确、完整地上报项目建设相关信息。

第二十五条 项目单位应当依据国家有关信用管理的规定，建立从业单位信用信息台账，对参建的勘察、设计、施工、工程监理等单位的投标、履约行为进行评价。

勘察、设计、施工、工程监理、项目代建、招标代理、造价咨询等单位应当按规定向省级交通运输主管部门提供本单位的信用信息，及时更新动态，并对所提供信息的真实性、准确性和完整性负责。

第三章　监督检查

第二十六条　各级交通运输主管部门应当加强对水运建设市场的监督检查，对发现的违法、违规行为依法及时处理，及时向社会公开水运建设市场管理相关信息。监督检查可以根据市场情况采取综合检查、专项检查、随机抽查等方式。

交通运输部应当对水运建设市场从业行为进行监督检查，加强对直接管理的部属单位建设项目的监督检查，对省级交通运输主管部门履行水运建设管理职能情况进行监督检查。监督检查主要采取随机抽查方式。

地方交通运输主管部门应当加强对本行政区域的水运建设市场从业行为和下级交通运输主管部门履行水运建设管理职能情况进行监督检查。

各级交通运输主管部门应当建立随机抽取被检查对象、随机选派检查人员的抽查机制，合理确定抽查比例和抽查频次。

第二十七条　交通运输主管部门履行水运建设管理职能情况主要包括：

（一）要求建立的水运建设相关制度的建立情况；

（二）水运建设各项制度的落实情况；

（三）水运建设市场监管情况；

（四）水运建设市场信用体系建设情况；

（五）对上级主管部门水运建设市场检查意见的整改落实情况；

（六）其他水运建设管理职能的履行情况。

水运建设市场从业行为主要包括：

（一）法律、法规、规章、强制性标准执行情况；

（二）招标投标行为；

（三）工程管理、合同履行、廉政建设、信用管理及人员履职等情况；

（四）质量安全责任履行情况；

（五）设计变更的管理情况；

（六）其他应当纳入监督管理的从业行为。

第二十八条 交通运输主管部门履行监督检查职责时，可以采取下列措施：

（一）进入工地现场对工程和市场主体的从业行为进行检查；

（二）向从业单位和有关人员了解与水运建设管理相关的情况；

（三）查阅、复制有关工程技术文件和资料，包括工程档案、合同、发票、账簿以及其他有关资料；

（四）责令相关单位立即或者限期停止、改正违法违规行为。

对交通运输主管部门依法实施的监督检查，从业单位及其相关人员应当配合，不得拒绝、阻扰，不得隐匿、谎报有关情况和资料。

第二十九条 交通运输主管部门在检查结束后，应当将检查意见反馈给被检查单位。

被检查单位应当按照检查意见进行整改，并将整改情况报送组织检查的交通运输主管部门。

组织检查的交通运输主管部门依照国家相关规定将检查情况和检查结果向社会公开，接受社会监督。

第三十条 对有下列情形的项目单位或者从业单位，负有相应监督管理职责的交通运输主管部门可以对其负责人进行约谈警示：

（一）有较为严重的违反水运建设管理相关规定的行为的；

（二）存在重大工程质量、安全事故隐患的；

（三）项目管理混乱的；

（四）经交通运输主管部门督促，未按照检查意见进行整改或者整改不到位的；

（五）交通运输主管部门认为有必要约谈的其他情形。

交通运输主管部门应当在约谈前向被约谈人发出书面约谈通知，通知中明确约谈事由、程序、时间、地点、参加人等事项。约谈结束后，形成约谈纪要。

对约谈事项拒不整改或者整改不力的单位，交通运输主管部门应当将相关情况在信用管理体系中予以记录，并向社会公开。

第三十一条　县级以上交通运输主管部门应当建立健全信用管理体系，对水运建设市场主体的信用情况进行记录和评价。省级交通运输主管部门应当建立和完善信用评价、信用激励约束和信用监督管理机制。

水运建设市场主体的信用信息和信用评价结果作为政府采购、工程招标投标等活动中的重要考虑因素。

水运建设市场主体以弄虚作假、行贿等不正当手段获取较高信用评价等级的，信用评价结果无效。交通运输主管部门应当将相关情况记入信用记录。

第三十二条　交通运输主管部门应当建立项目单位、从业单位重点监督管理制度。按照信用评价的相关规定，将存在严重失信行为，一年内三次及以上被通报或者信用等级差的项目单位、从业单位纳入重点监督管理名单，定期或者不定期地对其进行专项检查或者重点督查。

第三十三条　水运建设项目施工现场应当设置标示牌，标明项目的建设内容、建设工期以及项目单位、勘察、设计、施工、工程监理单位名称和主要负责人姓名、监督电话等，接受社会监督。

第三十四条　任何单位和个人有权对水运建设市场中的违法违规行为向交通运输主管部门进行投诉、举报。投诉、举报应当提供必要的证明材料。

交通运输主管部门应当公开投诉、举报受理电话、通讯地址和电子邮箱，及时处理投诉、举报，并对投诉、举报人相关信息依法予以保密。

第三十五条 参与水运建设市场监督检查、投诉举报调查处理的人员与相关当事单位和人员有利害关系的，应当主动回避。

监督检查工作人员应当对监督检查过程中知悉的国家秘密、商业秘密予以保密。

第四章 法律责任

第三十六条 违反本办法规定，项目单位将工程发包给不具有相应资质等级的勘察、设计、施工、工程监理单位的，依照《建设工程质量管理条例》第五十四条规定，责令改正，按照以下标准处以罚款：

（一）项目单位选择超越资质等级的勘察、设计、施工、工程监理单位进行工程建设的，处 50 万元以上 80 万元以下的罚款；

（二）项目单位选择无资质的勘察、设计、施工、工程监理单位进行工程建设的，处 80 万元以上 100 万元以下的罚款。

第三十七条 违反本办法规定，承包单位超越资质等级承揽工程的，依照《建设工程质量管理条例》第六十条规定，责令停止违法行为，按照以下标准处以罚款；有违法所得的，予以没收：

（一）工程尚未开工建设的，对勘察、设计单位或者工程监理单位处合同约定的勘察费、设计费或者监理酬金 1 倍的罚款；对施工单位处工程合同价款 2% 的罚款；

（二）工程已开工建设的，对勘察、设计单位或者工程监理单位处合同约定的勘察费、设计费或者监理酬金 1 倍以上 2 倍以下的罚款；对施工单位处工程合同价款 2% 以上 4% 以下的罚款。

未取得资质证书承揽工程的，予以取缔，依照前款规定处以罚款；有违法所得的，予以没收。

第三十八条 违反本办法规定，勘察、设计、施工、工程监理单位允许其他单位或者个人以本单位名义承揽工程的，依照《建设工程质量管理条例》第六十一条规定，责令改正，没收违法所得，按照以下标准处以罚款：

（一）勘察、设计、施工、工程监理单位允许有相应资质并符合本工程建设要求的单位或者个人以本单位名义承揽工程的，对勘察、设计单位或者工程监理单位处合同约定的勘察费、设计费或者监理酬金 1 倍以上 1.5 倍以下的罚款；对施工单位处工程合同价款2%以上 3%以下的罚款；

（二）勘察、设计、施工、工程监理单位允许无相应资质的单位或者个人以本单位名义承揽工程的，对勘察、设计单位或者工程监理单位处合同约定的勘察费、设计费或者监理酬金 1.5 倍以上 2 倍以下的罚款；对施工单位处工程合同价款 3%以上 4%以下的罚款。

第三十九条 违反国家关于基本建设程序相关规定，项目单位未取得施工许可证或者开工报告未经批准，擅自施工的，依据《建设工程质量管理条例》第五十七条规定，责令停止施工，限期改正，按照以下标准处以罚款：

（一）已通过项目审批、核准或者设计审批手续，但是未取得施工许可证或者开工报告未经批准，擅自施工的，处工程合同价款1%以上 1.5%以下的罚款；

（二）未取得项目审批、核准或者设计审批，擅自施工的，处工程合同价款 1.5%以上 2%以下的罚款。

第四十条 违反国家相关规定和本办法规定，项目单位明示或者暗示设计、施工单位违反工程建设强制性标准、降低工程质量的，勘察、设计单位未执行工程建设强制性标准的，施工单位不按照工程设计图纸或者施工技术标准施工的，工程监理单位与建设单位或者施工单位串通、弄虚作假、降低工程质量的，依照《建设工程质量管理条例》第五十六条、第六十三条、第六十四条、第六十七条规定作出罚款决定的，按照以下标准处罚：

（一）工程尚未开工建设的，对项目单位处 20 万元以上 30 万元以下的罚款；对勘察、设计单位处 10 万元以上 20 万元以下的罚款；

（二）工程已开工建设的，对项目单位处 30 万元以上 50 万元以下的罚款；对勘察、设计单位处 20 万元以上 30 万元以下的罚款；对施工单位处工程合同价款 2%以上 4%以下的罚款；对工程监理单位处 50 万元以上 100 万元以下的罚款。

第四十一条 依照《建设工程质量管理条例》规定给予单位罚款处罚的，对单位直接负责的主管人员和其他直接责任人员处单位罚款数额 5%以上 10%以下的罚款。

第五章 附 则

第四十二条 本办法自 2017 年 2 月 1 日起施行。

基本建设财务规则

中华人民共和国财政部令

第 81 号

《基本建设财务规则》已经财政部部务会议审议通过，现予公布，自 2016 年 9 月 1 日起施行。

财政部部长
2016 年 4 月 26 日

第一章 总 则

第一条 为了规范基本建设财务行为，加强基本建设财务管理，提高财政资金使用效益，保障财政资金安全，制定本规则。

第二条 本规则适用于行政事业单位的基本建设财务行为，以及国有和国有控股企业使用财政资金的基本建设财务行为。

基本建设是指以新增工程效益或者扩大生产能力为主要目的的新建、续建、改扩建、迁建、大型维修改造工程及相关工作。

第三条 基本建设财务管理应当严格执行国家有关法律、行政法规和财务规章制度，坚持勤俭节约、量力而行、讲求实效，正确处理资金使用效益与资金供给的关系。

第四条 基本建设财务管理的主要任务是：

（一）依法筹集和使用基本建设项目（以下简称项目）建设资金，防范财务风险；

（二）合理编制项目资金预算，加强预算审核，严格预算执行；

（三）加强项目核算管理，规范和控制建设成本；

（四）及时准确编制项目竣工财务决算，全面反映基本建设财务状况；

（五）加强对基本建设活动的财务控制和监督，实施绩效评价。

第五条 财政部负责制定并指导实施基本建设财务管理制度。

各级财政部门负责对基本建设财务活动实施全过程管理和监督。

第六条 各级项目主管部门（含一级预算单位，下同）应当会同财政部门，加强本部门或者本行业基本建设财务管理和监督，指导和督促项目建设单位做好基本建设财务管理的基础工作。

第七条 项目建设单位应当做好以下基本建设财务管理的基础工作：

（一）建立、健全本单位基本建设财务管理制度和内部控制制度；

（二）按项目单独核算，按照规定将核算情况纳入单位账簿和财务报表；

（三）按照规定编制项目资金预算，根据批准的项目概（预）算做好核算管理，及时掌握建设进度，定期进行财产物资清查，做好核算资料档案管理；

（四）按照规定向财政部门、项目主管部门报送基本建设财务报表和资料；

（五）及时办理工程价款结算，编报项目竣工财务决算，办理资产交付使用手续；

（六）财政部门和项目主管部门要求的其他工作。

按照规定实行代理记账和项目代建制的，代理记账单位和代建单位应当配合项目建设单位做好项目财务管理的基础工作。

第二章 建设资金筹集与使用管理

第八条 建设资金是指为满足项目建设需要筹集和使用的资金，按照来源分为财政资金和自筹资金。其中，财政资金包括一般公共预算安排的基本建设投资资金和其他专项建设资金，政府性基金预算安排的建设资金，政府依法举债取得的建设资金，以及国有资本经营预算安排的基本建设项目资金。

第九条 财政资金管理应当遵循专款专用原则，严格按照批准的项目预算执行，不得挤占挪用。

财政部门应当会同项目主管部门加强项目财政资金的监督管理。

第十条 财政资金的支付，按照国库集中支付制度有关规定和合同约定，综合考虑项目财政资金预算、建设进度等因素执行。

第十一条 项目建设单位应当根据批准的项目概（预）算、年度投资计划和预算、建设进度等控制项目投资规模。

第十二条 项目建设单位在决策阶段应当明确建设资金来源，落实建设资金，合理控制筹资成本。非经营性项目建设资金按照国家有关规定筹集；经营性项目在防范风险的前提下，可以多渠道筹集。

具体项目的经营性和非经营性性质划分，由项目主管部门会同财政部门根据项目建设目的、运营模式和盈利能力等因素核定。

第十三条 核定为经营性项目的，项目建设单位应当按照国家有关固定资产投资项目资本管理的规定，筹集一定比例的非债务性资金作为项目资本。

在项目建设期间，项目资本的投资者除依法转让、依法终止外，不得以任何方式抽走出资。

经营性项目的投资者以实物、知识产权、土地使用权等非货币财产作价出资的，应当委托具有专业能力的资产评估机构依法评估作价。

第十四条 项目建设单位取得的财政资金，区分以下情况处理：

经营性项目具备企业法人资格的，按照国家有关企业财务规定处理。不具备企业法人资格的，属于国家直接投资的，作为项目国家资本管理；属于投资补助的，国家拨款时对权属有规定的，按照规定执行，没有规定的，由项目投资者享有；属于有偿性资助的，作为项目负债管理。

经营性项目取得的财政贴息，项目建设期间收到的，冲减项目建设成本；项目竣工后收到的，按照国家财务、会计制度的有关规定处理。

非经营性项目取得的财政资金，按照国家行政、事业单位财务、会计制度的有关规定处理。

第十五条 项目收到的社会捐赠，有捐赠协议或者捐赠者有指定要求的，按照协议或者要求处理；无协议和要求的，按照国家财务、会计制度的有关规定处理。

第三章 预算管理

第十六条 项目建设单位编制项目预算应当以批准的概算为基础，按照项目实际建设资金需求编制，并控制在批准的概算总投资规模、范围和标准以内。

项目建设单位应当细化项目预算，分解项目各年度预算和财政资金预算需求。涉及政府采购的，应当按照规定编制政府采购预算。

项目资金预算应当纳入项目主管部门的部门预算或者国有资本经营预算统一管理。列入部门预算的项目，一般应当从项目库中产生。

第十七条　项目建设单位应当根据项目概算、建设工期、年度投资和自筹资金计划、以前年度项目各类资金结转情况等，提出项目财政资金预算建议数，按照规定程序经项目主管部门审核汇总报财政部门。

项目建设单位根据财政部门下达的预算控制数编制预算，由项目主管部门审核汇总报财政部门，经法定程序审核批复后执行。

第十八条　项目建设单位应当严格执行项目财政资金预算。对发生停建、缓建、迁移、合并、分立、重大设计变更等变动事项和其他特殊情况确需调整的项目，项目建设单位应当按照规定程序报项目主管部门审核后，向财政部门申请调整项目财政资金预算。

第十九条　财政部门应当加强财政资金预算审核和执行管理，严格预算约束。

财政资金预算安排应当以项目以前年度财政资金预算执行情况、项目预算评审意见和绩效评价结果作为重要依据。项目财政资金未按预算要求执行的，按照有关规定调减或者收回。

第二十条　项目主管部门应当按照预算管理规定，督促和指导项目建设单位做好项目财政资金预算编制、执行和调整，严格审核项目财政资金预算、细化预算和预算调整的申请，及时掌握项目预算执行动态，跟踪分析项目进度，按照要求向财政部门报送执行情况。

第四章 建设成本管理

第二十一条 建设成本是指按照批准的建设内容由项目建设资金安排的各项支出，包括建筑安装工程投资支出、设备投资支出、待摊投资支出和其他投资支出。

建筑安装工程投资支出是指项目建设单位按照批准的建设内容发生的建筑工程和安装工程的实际成本。

设备投资支出是指项目建设单位按照批准的建设内容发生的各种设备的实际成本。

待摊投资支出是指项目建设单位按照批准的建设内容发生的，应当分摊计入相关资产价值的各项费用和税金支出。

其他投资支出是指项目建设单位按照批准的建设内容发生的房屋购置支出，基本畜禽、林木等的购置、饲养、培育支出，办公生活用家具、器具购置支出，软件研发和不能计入设备投资的软件购置等支出。

第二十二条 项目建设单位应当严格控制建设成本的范围、标准和支出责任，以下支出不得列入项目建设成本：

（一）超过批准建设内容发生的支出；

（二）不符合合同协议的支出；

（三）非法收费和摊派；

（四）无发票或者发票项目不全、无审批手续、无责任人员签字的支出；

（五）因设计单位、施工单位、供货单位等原因造成的工程报废等损失，以及未按照规定报经批准的损失；

（六）项目符合规定的验收条件之日起3个月后发生的支出；

（七）其他不属于本项目应当负担的支出。

第二十三条 财政资金用于项目前期工作经费部分，在项目批准建设后，列入项目建设成本。

没有被批准或者批准后又被取消的项目，财政资金如有结余，全部缴回国库。

第五章　基建收入管理

第二十四条　基建收入是指在基本建设过程中形成的各项工程建设副产品变价收入、负荷试车和试运行收入以及其他收入。

工程建设副产品变价收入包括矿山建设中的矿产品收入，油气、油田钻井建设中的原油气收入，林业工程建设中的路影材收入，以及其他项目建设过程中产生或者伴生的副产品、试验产品的变价收入。

负荷试车和试运行收入包括水利、电力建设移交生产前的供水、供电、供热收入，原材料、机电轻纺、农林建设移交生产前的产品收入，交通临时运营收入等。

其他收入包括项目总体建设尚未完成或者移交生产，但其中部分工程简易投产而发生的经营性收入等。

符合验收条件而未按照规定及时办理竣工验收的经营性项目所实现的收入，不得作为项目基建收入管理。

第二十五条　项目所取得的基建收入扣除相关费用并依法纳税后，其净收入按照国家财务、会计制度的有关规定处理。

第二十六条　项目发生的各项索赔、违约金等收入，首先用于弥补工程损失，结余部分按照国家财务、会计制度的有关规定处理。

第六章　工程价款结算管理

第二十七条　工程价款结算是指依据基本建设工程发承包合同等进行工程预付款、进度款、竣工价款结算的活动。

第二十八条 项目建设单位应当严格按照合同约定和工程价款结算程序支付工程款。竣工价款结算一般应当在项目竣工验收后2个月内完成，大型项目一般不得超过3个月。

第二十九条 项目建设单位可以与施工单位在合同中约定按照不超过工程价款结算总额的5%预留工程质量保证金，待工程交付使用缺陷责任期满后清算。资信好的施工单位可以用银行保函替代工程质量保证金。

第三十条 项目主管部门应当会同财政部门加强工程价款结算的监督，重点审查工程招投标文件、工程量及各项费用的计取、合同协议、施工变更签证、人工和材料价差、工程索赔等。

第七章 竣工财务决算管理

第三十一条 项目竣工财务决算是正确核定项目资产价值、反映竣工项目建设成果的文件，是办理资产移交和产权登记的依据，包括竣工财务决算报表、竣工财务决算说明书以及相关材料。

项目竣工财务决算应当数字准确、内容完整。竣工财务决算的编制要求另行规定。

第三十二条 项目年度资金使用情况应当按照要求编入部门决算或者国有资本经营决算。

第三十三条 项目建设单位在项目竣工后，应当及时编制项目竣工财务决算，并按照规定报送项目主管部门。

项目设计、施工、监理等单位应当配合项目建设单位做好相关工作。

建设周期长、建设内容多的大型项目，单项工程竣工具备交付使用条件的，可以编报单项工程竣工财务决算，项目全部竣工后应当编报竣工财务总决算。

第三十四条 在编制项目竣工财务决算前，项目建设单位应当认真做好各项清理工作，包括账目核对及账务调整、财产物资核实处理、债权实现和债务清偿、档案资料归集整理等。

第三十五条 在编制项目竣工财务决算时，项目建设单位应当按照规定将待摊投资支出按合理比例分摊计入交付使用资产价值、转出投资价值和待核销基建支出。

第三十六条 项目竣工财务决算审核、批复管理职责和程序要求由同级财政部门确定。

第三十七条 财政部门和项目主管部门对项目竣工财务决算实行先审核、后批复的办法，可以委托预算评审机构或者有专业能力的社会中介机构进行审核。对符合条件的，应当在 6 个月内批复。

第三十八条 项目一般不得预留尾工工程，确需预留尾工工程的，尾工工程投资不得超过批准的项目概（预）算总投资的 5%。

项目主管部门应当督促项目建设单位抓紧实施项目尾工工程，加强对尾工工程资金使用的监督管理。

第三十九条 已具备竣工验收条件的项目，应当及时组织验收，移交生产和使用。

第四十条 项目隶属关系发生变化时，应当按照规定及时办理财务关系划转，主要包括各项资金来源、已交付使用资产、在建工程、结余资金、各项债权及债务等的清理交接。

第八章　资产交付管理

第四十一条 资产交付是指项目竣工验收合格后，将形成的资产交付或者转交生产使用单位的行为。

交付使用的资产包括固定资产、流动资产、无形资产等。

第四十二条 项目竣工验收合格后应当及时办理资产交付使用手续，并依据批复的项目竣工财务决算进行账务调整。

第四十三条 非经营性项目发生的江河清障疏浚、航道整治、飞播造林、退耕还林（草）、封山（沙）育林（草）、水土保持、城市绿化、毁损道路修复、护坡及清理等不能形成资产的支出，以及项目未被批准、项目取消和项目报废前已发生的支出，作为待核销基建支出处理；形成资产产权归属本单位的，计入交付使用资产价值；形成资产产权不归属本单位的，作为转出投资处理。

非经营性项目发生的农村沼气工程、农村安全饮水工程、农村危房改造工程、游牧民定居工程、渔民上岸工程等涉及家庭或者个人的支出，形成资产产权归属家庭或者个人的，作为待核销基建支出处理；形成资产产权归属本单位的，计入交付使用资产价值；形成资产产权归属其他单位的，作为转出投资处理。

第四十四条 非经营性项目为项目配套建设的专用设施，包括专用道路、专用通讯设施、专用电力设施、地下管道等，产权归属本单位的，计入交付使用资产价值；产权不归属本单位的，作为转出投资处理。

非经营性项目移民安置补偿中由项目建设单位负责建设并形成的实物资产，产权归属集体或者单位的，作为转出投资处理；产权归属移民的，作为待核销基建支出处理。

第四十五条 经营性项目发生的项目取消和报废等不能形成资产的支出，以及设备采购和系统集成（软件）中包含的交付使用后运行维护等费用，按照国家财务、会计制度的有关规定处理。

第四十六条 经营性项目为项目配套建设的专用设施，包括专用铁路线、专用道路、专用通讯设施、专用电力设施、地下管道、专用码头等，项目建设单位应当与有关部门明确产权关系，并按照国家财务、会计制度的有关规定处理。

第九章　结余资金管理

第四十七条　结余资金是指项目竣工结余的建设资金，不包括工程抵扣的增值税进项税额资金。

第四十八条　经营性项目结余资金，转入单位的相关资产。

非经营性项目结余资金，首先用于归还项目贷款。如有结余，按照项目资金来源属于财政资金的部分，应当在项目竣工验收合格后3个月内，按照预算管理制度有关规定收回财政。

第四十九条　项目终止、报废或者未按照批准的建设内容建设形成的剩余建设资金中，按照项目实际资金来源比例确认的财政资金应当收回财政。

第十章　绩效评价

第五十条　项目绩效评价是指财政部门、项目主管部门根据设定的项目绩效目标，运用科学合理的评价方法和评价标准，对项目建设全过程中资金筹集、使用及核算的规范性、有效性，以及投入运营效果等进行评价的活动。

第五十一条　项目绩效评价应当坚持科学规范、公正公开、分级分类和绩效相关的原则，坚持经济效益、社会效益和生态效益相结合的原则。

第五十二条　项目绩效评价应当重点对项目建设成本、工程造价、投资控制、达产能力与设计能力差异、偿债能力、持续经营能力等实施绩效评价，根据管理需要和项目特点选用社会效益指标、财务效益指标、工程质量指标、建设工期指标、资金来源指标、资金使用指标、实际投资回收期指标、实际单位生产（营运）能力投资指标等评价指标。

第五十三条 财政部门负责制定项目绩效评价管理办法,对项目绩效评价工作进行指导和监督,选择部分项目开展重点绩效评价,依法公开绩效评价结果。绩效评价结果作为项目财政资金预算安排和资金拨付的重要依据。

第五十四条 项目主管部门会同财政部门按照有关规定,制定本部门或者本行业项目绩效评价具体实施办法,建立具体的绩效评价指标体系,确定项目绩效目标,具体组织实施本部门或者本行业绩效评价工作,并向财政部门报送绩效评价结果。

第十一章 监督管理

第五十五条 项目监督管理主要包括对项目资金筹集与使用、预算编制与执行、建设成本控制、工程价款结算、竣工财务决算编报审核、资产交付等的监督管理。

第五十六条 项目建设单位应当建立、健全内部控制和项目财务信息报告制度,依法接受财政部门和项目主管部门等的财务监督管理。

第五十七条 财政部门和项目主管部门应当加强项目的监督管理,采取事前、事中、事后相结合,日常监督与专项监督相结合的方式,对项目财务行为实施全过程监督管理。

第五十八条 财政部门应当加强对基本建设财政资金形成的资产的管理,按照规定对项目资产开展登记、核算、评估、处置、统计、报告等资产管理基础工作。

第五十九条 对于违反本规则的基本建设财务行为,依照《预算法》、《财政违法行为处罚处分条例》等有关规定追究责任。

第十二章 附 则

第六十条 接受国家经常性资助的社会力量举办的公益服务性

组织和社会团体的基本建设财务行为，以及非国有企业使用财政资金的基本建设财务行为，参照本规则执行。

使用外国政府及国际金融组织贷款的基本建设财务行为执行本规则。国家另有规定的，从其规定。

第六十一条 项目建设内容仅为设备购置的，不执行本规则；项目建设内容以设备购置、房屋及其他建筑物购置为主并附有部分建筑安装工程的，可以简化执行本规则。

经营性项目的项目资本中，财政资金所占比例未超过50%的，项目建设单位可以简化执行本规则，但应当按照要求向财政部门、项目主管部门报送相关财务资料。国家另有规定的，从其规定。

第六十二条 中央项目主管部门和各省、自治区、直辖市、计划单列市财政厅（局）可以根据本规则，结合本行业、本地区的项目情况，制定具体实施办法并报财政部备案。

第六十三条 本规则自2016年9月1日起施行。2002年9月27日财政部发布的《基本建设财务管理规定》（财建〔2002〕394号）及其解释同时废止。

本规则施行前财政部制定的有关规定与本规则不一致的，按照本规则执行。《企业财务通则》（财政部令第41号）、《金融企业财务规则》（财政部令第42号）、《事业单位财务规则》（财政部令第68号）和《行政单位财务规则》（财政部令第71号）另有规定的，从其规定。

附 录

农村危房改造最低建设要求（试行）

住房城乡建设部关于印发
《农村危房改造最低建设要求（试行）》的通知
建村〔2013〕104号

各省、自治区住房城乡建设厅，直辖市建委（建交委、农委），新疆生产建设兵团建设局：

根据住房城乡建设部、国家发展改革委、财政部《关于做好2013年农村危房改造工作的通知》（建村〔2013〕90号），为提高农村危房改造的质量水平，规范工程建设与验收，我部制定了《农村危房改造最低建设要求（试行）》（以下简称最低建设要求）。现印发你们，请认真贯彻执行。

一、严格执行最低建设要求。列入政府补助范围的农村危房改造（含新疆农村安居工程）要在设计、施工、验收等环节严格执行最低建设要求，确保农村危房改造后每户住房均不低于最低建设要求。

二、加强指导与监督检查。各地住房城乡建设部门要加大监管力度，组织开展现场指导和巡查。乡镇建设管理员要加强对农房设计的指导和审查，并在地基基础、抗震措施和关键主体结构施工过程中及时到现场指导和检查，发现不符合最低建设要求的当即告知建房户，提出处理建议并做好记录。

三、建立验收合格与补助资金拨付进度挂钩的机制。县级住房城乡建设部门要及时组织验收，按照最低建设要求逐户逐项检查和填写验收表。需检查项目全部合格的视为验收合格，否则视为不合格。各地要结合实际尽快建立验收合格与补助资金拨付进度挂钩的机制，凡验收不合格的，必须整改合格方能拨付全额补助款项。

四、加强培训和宣传推广。各地住房城乡建设部门要加强最低建设要求的学习和培训，从建设和验收等环节帮助乡镇建设管理员熟练掌握最低建设要求。加强农村建筑工匠培训和管理，积极引导工匠在施工中自觉执行最低建设要求。加大宣传推广力度，通过在村庄张贴宣传挂图、发放宣传材料等方式，确保农村危房改造的每个农户都知晓最低建设要求。

执行过程中有何问题和建议，请及时联系部村镇建设司。

中华人民共和国住房和城乡建设部

2013 年 7 月 1 日

第一条　为提高农村危房改造的质量水平，规范工程建设与验收，制定本最低建设要求。

第二条　凡列入政府补助范围的农村危房改造项目的建设与验收应执行本最低建设要求。

第三条　农村危房改造住房（以下简称危改房）除应符合本最低建设要求外，尚应符合国家和当地有关法律、法规、政策及标准的规定。

第四条 危改房建筑应符合以下要求：

1 寝居、食寝和洁污等功能分区，设置独用卧室、独用厨房和独用厕所。

2 一人户建筑面积不小于 20 平方米，两人户建筑面积不小于 30 平方米，三人以上户建筑面积不小于人均 13 平方米。

3 室内净高不小于 2.40 米，局部净高不小于 2.10 米且其面积不超过房屋总面积的 1/3。

第五条 危改房选址应选择安全地段。对于可能发生滑坡、崩塌、地陷、地裂、泥石流、洪水、山洪等灾害的地段应采取技术措施处理。

第六条 危改房地基为软弱土、可液化土、湿陷性黄土、膨胀土、冻胀土、新近填土或严重不均匀土层时，应做地基处理，达到地基设计承载力要求。

第七条 危改房基础应根据房屋荷载情况、相关规范规定的房屋降沉要求等选择毛石基础、混凝土基础、砖放脚基础、灰土基础等基础形式，达到基础设计承载力要求。

第八条 危改房主体结构应根据相关标准和规范确定的当地抗震设防烈度，按照《农村危房改造抗震安全基本要求（试行）》（建村〔2011〕115 号）采取抗震措施。

第九条 危改房墙体应符合以下要求：

1 布置完备，在平面、竖向与门窗洞口形成围合空间。

2 符合相关规范规定的安全性要求，无竖向歪斜。

3 表面平整，有防水防潮处理措施，外墙勒脚做防水处理高度不低于 0.6 米。当采用灰浆抹面时，抹面层干净整洁，没有明显龟裂、空鼓、剥落现象。当外墙采用清水砖墙时，进行勾缝处理。

第十条 危改房门窗应符合以下要求：

1 根据使用需要合理设置门窗，玻璃、窗扇、门板等构件完备，耐久性符合要求。

2 门窗洞口顶部应按照相关规范要求设置过梁，门窗整体达到正常使用及遭遇暴雪、大风、暴雨时的安全性要求。

3 安装到位，门窗框、扇无变形，开启灵活，关闭严密。门窗框与洞口边缘连接紧密、抹灰平整，窗台表面处理平整。

第十一条 危改房设置梁、柱时，应符合以下要求：

1 达到设计、施工规范及设计承载力要求。

2 表面平整，截面尺寸准确，梁的挠度变形及柱的垂直度符合相关规定。主要受力和连接部位无露筋、蜂窝、空洞、夹渣、疏松、明显裂缝、孔洞、腐蚀、虫蛀等现象。

第十二条 危改房楼板应符合以下要求：

1 两层或两层以上时，设置完整楼板，拼缝紧密。

2 达到相关设计、施工规范及设计承载力要求。8度及8度以上抗震设防区禁止采用预制混凝土楼板。

3 表面平整，无明显的竖向挠度变形、裂缝。当采用现浇混凝土楼板时，主要受力和连接部位不得有露筋、蜂窝、空洞、夹渣、疏松等现象。

第十三条 危改房楼梯应符合以下要求：

1 两层或两层以上时，设置楼梯。

2 设置楼梯时，楼梯板、栏杆、扶手等构件应完备，达到相关设计、施工规范要求。

第十四条 危改房设置阳台、露台时，梁、柱、板、墙体等构件应符合本最低建设要求的相关要求，并根据相关规范要求设置防护栏杆。

第十五条 危改房屋面应符合以下要求：

1 围护构件完备，耐久性符合要求。

2 屋面结构安全可靠，屋面整体达到正常使用及遭遇地震、暴雪、大风、暴雨时的安全性要求，无漏雨、渗水现象。

3 采用坡屋面时，瓦片铺设整齐、匀称，粘贴牢固，搭接严密，檐口平直。当屋顶存在掉落灰土、烟尘等隐患时，应采取隔层措施，隔层结构安全、构件完备和平整洁净。

4 采用平屋面时，屋面找坡符合相关规范要求，找坡面层平整，无积水、明显裂缝等现象。

第十六条 危改房室内地面应硬化，硬化层密实、平整。

第十七条 危改房室内环境应符合以下要求：

1 朝向良好，至少有一个房间能获得日照。

2 卧室、起居室、厨房直接自然采光。

3 卧室、起居室、厨房、厕所直接自然通风。

第十八条 危改房宜按相关标准、规范和要求设置室内给水排水、照明、采暖以及防雷等设备设施。